確かめながら

学校図書館と1人1台端末

ひろがる！つながる！学校図書館

全国学校図書館協議会

刊行に寄せて

　近年、学校においては、個別最適な学び、協働的な学びの一体的充実、新型コロナウイルス感染拡大や災害等における教育の保障を実現するため、GIGAスクール構想が着実に進展しています。こうした状況の中で、言語能力や情報活用能力を育むとともに、多様な子供たちの読書機会の確保、非常時における図書等への継続的なアクセスを可能とするために、子供たちの健康や発達段階等に配慮しつつ、学校図書館等のDX（デジタルトランスフォーメーション）を進めていくことが課題となっています。令和5年3月に閣議決定された「子どもの読書活動の推進に関する基本的な計画」においても、基本的方針の一つとして、「デジタル社会に対応した読書環境の整備」が掲げられています。

　学校において、1人1台端末の整備、通信ネットワーク環境の整備が進められ、学校内のどこにあっても、学校内外の様々な情報資源にアクセスできる環境が実現し、児童生徒の調べ学習等がより効果的に行われることが期待されています。また、1人1台端末の活用が定着した地域では、子供たちが、様々な情報源を、各自のタイミングで即時に扱う状況が生じるとの指摘もあります。こうした変化の中で、子供たちが、学校図書館、学校図書館資料、読書活動をどのように捉えるかを分析し、そのニーズに対応していく必要があります。

　本書『確かめながら　学校図書館と1人1台端末　ひろがる！つながる！学校図書館』は、昨年刊行された『どう使う？　学校図書館と1人1台端末　はじめの一歩』から、さらに内容を発展させ、ICTの進展を踏まえた学校図書館の活用について、具体的、実践的な解説をコンパクトにまとめています。本書が広く活用され、教師、学校司書、その他多くの方々が、子供の視点を尊重し、デジタル社会に相応しい学校図書館の整備に努め、多様な子供たちのために、読書活動推進の取組を展開してくださることを、期待しております。

　最後に、本誌の作成に御尽力された諸先生方、全国学校図書館協議会に深甚なる敬意を表すとともに、学校図書館の振興と皆様方の御活躍を心より祈念申し上げます。

令和5年7月
文部科学省総合教育政策局地域学習推進課長
黄地　吉隆

もくじ

第 **4** 章　学校図書館と著作権 ……………………………………… 73

【コラム】

●表紙写真提供（情報活用授業コンクール応募校）
　横浜市立矢向小学校
　大阪府・清教学園中学校
　島根県大田市立大田西中学校
　茨城県立水戸工業高等学校

はじめに

　今年5月にWHOから新型コロナの「緊急事態宣言終了」が発表され、わが国でも5類感染症へ移行となり、やっと落ち着いてきた感がある。コロナ禍と相まって学校に導入された1人1台端末の利用についても、怒涛のような慌ただしさが落ち着きを見せはじめたように感じられる。その中で、1人1台端末と学校図書館の関係はどうなっているだろうか。

　学校図書館活用とICT活用が融合したように思うという学校現場の声を聞いたことがある。これは学校図書館界にとって大変嬉しい声であるが、学校図書館活用の影が薄くなった、ICT活用は学校図書館とは別のところで進んでいる、といった声も多く聞かれ、学校図書館の整備・活用の全国的格差がさらに広がっていることがひしひしと感じられる。

　もっと、学校図書館の重要性を一般教職員にわかりやすく伝えなければならないと思う。ICT活用と学校図書館活用が協働して進んでいかなければ、子どもたちに真の情報活用能力を培うことはできないことを認識してもらうよう働きかけなければならない。

　学校図書館は印刷資料からデジタル資料まで多様なメディアの資料・情報を扱う。それを通して教科等横断的な視点をもっている。だからこそ、児童生徒に印刷・デジタルの特性を伝え、印刷とデジタルを使い分ける力を教科横断的に培うことができる。学校図書館は、児童生徒の情報活用能力を学校全体で計画的に培うことを提案できる立場にある。「これまでの我が国の教育実践と最先端のICTのベストミックスを図る」（文科省「GIGAスクール構想の実現へ」リーフレット）のは、従来から両者を扱ってきた学校図書館だからこそできることなのである。

　そのために、学校図書館活用とICT活用の融合を進めることが重要である。同時に、ICT活用を推進する一方で、学校図書館活用だからこそできる支援・指導の基本を確認しつつ進んでいくことも重要である。そのために本書では、ICT活用も含めて学校図書館活用の支援・指導について留意すべき点をまとめた。前著『どう使う？　学校図書館と1人1台端末　はじめの一歩』の「つぎの一歩」として皆様にご高覧いただければありがたく存ずる。

2023年7月25日
『確かめながら　学校図書館と1人1台端末　ひろがる！つながる！学校図書館』
編集委員一同

第 1 章

端末時代において
学校図書館ができること

端末時代において
学校図書館ができること

1. 1. 1人1台端末を利用して学校図書館ができること

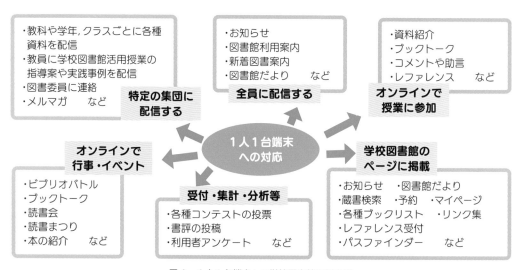

図1　1人1台端末への学校図書館の対応例

（1）端末の機能を利用した学校図書館活動

　児童生徒が1人1台端末を所持していることにより、その端末の機能を生かして、学校図書館はこれまでの活動やサービスに加えて、多くの新しいサービスや活動が可能となった（**図1**）。各学校で、どのような校内ネットワークシステムや学習支援システムを使用しているのかにもよるが、例えば、以下のようなことが可能となろう。

①学校図書館のページを通して情報発信やサービスが提供できる

・これまで印刷物で配布してきた「図書館だより」などを学校図書館のページに掲載する。

・「お知らせ」を随時発信する。

・情報検索や予約サービス、レファレンス・サービス等を端末を通して提供する。

・図書館の利用案内、図書館紹介等を動画でも提供する。

・新着図書等や展示を画像・動画などにより紹介する。

②学校図書館から全員に配信ができる

・校内全員に同時に「図書館利用案内」や「図書館だより」、「お知らせ」等を配信する。

③学校図書館から特定の集団に配信ができる

・あるクラスや学年、教職員、図書委員会など、特定の集団に必要な情報を配信する。
・メールマガジンを運営する。

④オンラインで行事やイベント、交流が実施できる

・校内や校外、他校とのオンラインによるビブリオバトルや読書会等を実施する。
・他校と協働で創作活動をしたり、図書委員会の交流をしたりなどする。

⑤利用者からの投稿や回答などの受付・集計・分析等が行える

・POP などのコンテスト等への投票を受付けたり、結果を集計・分析したりする。
・図書館の利用者アンケートや、教員からの購入希望図書等を回収し集計・分析する。

（2）端末の機能を利用した学び／授業への支援・指導

　学校図書館担当者は、一斉学習、個別学習、協働学習等において電子黒板や端末をどのように使用してどのような授業を展開するのかについて、授業者の意向を確かめることが、まず大切である。そして学校図書館でできる支援・指導について相談・提案するのは、従来どおりであるが、端末という道具の利用で、できることが増え、選択肢が広がったために、学校図書館からの相談・提案内容も幅広いものとなってくる。例えば、次のようなことが可能である。

①授業で使える資料を、配信することができる

・学校図書館からの説明資料やパスファインダー、リンク集、二次元コード表、シンキングツール等を提供する。配布資料には、二次元コードの挿入を工夫する。
・各種データベース、デジタルコンテンツ等を授業内容に合わせて提供する。

②授業中でも端末から図書館にアクセスして図書館機能を利用してもらえる

・蔵書の検索、予約・貸出を行う。レファレンス・サービスを提供する。
・パスファインダーやリンク集等を利用して情報検索を行える。

③司書教諭や学校司書がオンラインで授業に参加できる

・資料紹介やブックトーク等を、オンラインで行う。
・児童生徒の授業の進捗に合わせて、コメントや助言をチャット等で提供する。

④授業で使えるデジタル教材情報やリモート等で利用できる校外の情報資源（専門家、専門機関など）を提供できる

・動物園や工場見学等の動画資料やバーチャル見学などの情報を提供する。
・国立科学博物館や国立民族学博物館、国立歴史民俗博物館、日本新聞博物館などの学校向けプログラムを紹介する。

⑤読書記録を端末で書き、保存できる

⑥児童生徒の学習成果や教員の指導案等、デジタル化・データベース化して保存・利用できる

　これらは、学校図書館担当者に、有用な情報源についての知識や、ICT の知識や技術がなくてはできないサービスや活動である。ICT 支援員との連携・協働が必要な場合も多い。学校図書館担当者は仲間どうしで情報交換を活発にして実践から得た知識やスキル等を共有して、担当者自身がまずデジタル時代に対応できる力を身につけていかなければならない。文部科学省では「教員の ICT 活用指導力チェックリスト」（2018 年改訂）を作成しているが、自治体によっても同様なものが作られているところもある。こうしたものなども視野に入れて、スキルアップを図っていきたい。

　ただ、非常勤の学校司書等には、校内ネットワークシステムや学習支援システムの ID が付与されていない自治体が少なくない。これに対しては、教育委員会や校長等に改善を求めることが必要であるが、まずは、司書教諭（学校図書館担当教員）が事情をよく把握して、学校司書等と連携を密にして司書教諭が情報発信を行う必要があろう。

（3）児童生徒にとっての端末による学校図書館利用

　児童生徒にとっては、いつでもどこからでも端末を通して学校図書館へアクセスすることができる。学校図書館のページで蔵書検索や予約をしたり、展示の画像を見たり、図書館の行事やイベント等のお知らせを見たり、オンラインイベントに参加したりすることもできる。図書館へ実際に足を運ばなくても図書館が利用できるメリットは大きい。

　図書館サービスの利用については、例えば端末で本の新着図書の紹介を見て、それを即予約することもできる。学校図書館のイベントのお知らせを端末で見て、それにすぐに申し込むこともできる。学校図書館からの情報提供と次の段階のサービスが従来は個別であったものが、端末上で継続したものとなったと言える。

　学びで必要な資料も、端末があれば、いつでもどこからでも配布資料や学校図書館ページにアクセスできる。リンク集やパスファインダーから Web ページへ飛ぶこともできるし、自校の蔵書検索が端緒であっても、他館の蔵書検索へも、Web 上の資料・情報へも際限なくつな

がって情報検索ができる。これまで学校図書館に来ることがなかった児童生徒（潜在的利用者）が、リアルの学校図書館に関心を示す可能性もある。

（4）デジタルで発信することについて留意すべきこと

　以上のように端末の利用は大変便利であり、情報の受信者が即発信者となる可能性も高いので、学校図書館から発信する情報の拡散効果も大きい。しかし、考慮しなければならない点もある。例えば以下のような点である。

　〇デジタルでの発信は、それを印刷する費用も手間も省略できる。しかしだからと言って、これまでの印刷物をすべてデジタル資料としてよいのか。提供する内容によって、印刷物かデジタルかの区別、つまり使い分けを検討しなければならない。

　〇印刷物の中に二次元コードを掲載したり、デジタル資料を多様な障害にも対応できるようユニバーサルデザインを取り入れたりするなど、デジタルの特性を生かす工夫をする。

　〇図書館から発信する情報は、文字情報だけでなく音声や動画も提供できるし、個人に合わせた色や文字の大きさなど、さまざまな形で提供することが可能となった。アバターを利用するなど表現方法も工夫できる。例えば、ブックトークを図書館キャラクターと図書委員の掛け合いで行うなど、児童生徒への端末バージョンとも言える方法が開発できよう。

　〇情報の提供が即サービスに直結する。例えば端末から蔵書検索をしてすぐに予約をすることができる。端末上での情報提供とその後につながるサービスの流れがスムーズになっているかを確認することが必要である。

　〇学校図書館のページに掲載する情報は、定期的に更新しなければ意味がない。

　〇端末による学校図書館体験とリアルの学校図書館利用をどのように組み合わせて図書館活動やサービスを実施していくのが効果的かを検討する必要がある。

　〇児童生徒の端末による学校図書館体験から、リアルの学校図書館利用にどう結びつけるかを工夫する必要がある。これは潜在的利用者にどう働きかけるかということでもある。

1.2. 学校図書館活用の教育だからこそできること

（1）学校図書館の独自性

　デジタルの利用が増え、情報伝達・提供の手段の幅が広がっても、学校図書館の独自性は変わらない。学校図書館の独自性として少なくとも次の2点を示すことができる。

①学校図書館は教科等横断的視点・俯瞰的視点をもつ
②学校図書館は多様なメディアの資料・情報を扱う

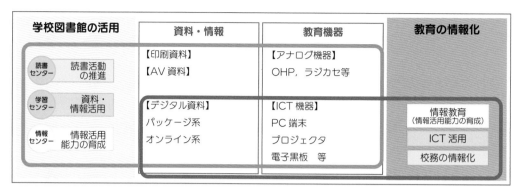

図2 「学校図書館の活用」と「教育の情報化」

　①については、学校図書館は「教育課程の展開に寄与する」（学校図書館法）ために、各教科等の授業展開に役立つ資料・情報を収集し提供する。その役割を通して、学校図書館は全教科を見渡す位置にある。すなわち、全教科を横断的にあるいは俯瞰的に見て、児童生徒の発達段階における系統性や、教科間の学習テーマの類似性や関連性等に気づくことのできる位置にあるのである。

　②については、「学校図書館」は従来から図書、雑誌、新聞などの印刷資料から AV 資料、デジタル資料等、多様なメディア（媒体）の資料や情報を扱っている。「学校図書館の活用」と「教育の情報化」を比較してみると **（図2）**、学校図書館の活用は「読書活動の推進」「資料・情報活用」「情報活用能力の育成」の３つから成り、教育の情報化は「情報教育」「ICT活用」「校務の情報化」から構成される。両者には「資料・情報活用」と「ICT活用」、「情報活用能力の育成」と「情報教育」が対応している。ただ、それぞれが対象とする資料・情報や教育機器の範囲が異なっている。「学校図書館の活用」はすべてのメディアの資料・情報を扱うのに対して、「教育の情報化」では、デジタル資料と ICT 機器のみを対象としている。

　以上の学校図書館の独自性①と②について、次項でさらに考えてみたい。

（2）学校図書館は教科等横断的・俯瞰的視点をもつ

　学校図書館から見ると、教科等の内容や指導が横断的・俯瞰的にとらえられる。この視点から、次の3つのことが言える。

①学校図書館活用によって教科等に共通する基盤的に必要な力を育成することができる

　学習指導要領の総則「第2節　教育課程の編成」「2　教科等横断的な視点に立った資質・能力」に次のように記されている。

　（1）　各学校においては，児童の発達の段階を考慮し，言語能力，情報活用能力（情報モラルを含む。），問題発見・解決能力等の学習の基盤となる資質・能力を育成していくこ

とができるよう，各教科等の特質を生かし，教科等横断的な視点から教育課程の編成を図るものとする。

　これは、小学校のものだが、中学校、高等学校においても「児童」が「生徒」に替わっただけで、文面は全く同じであり、特別支援学校においても「発達の段階を考慮し」の部分の文言が少し多いだけで、あとは全く同じ文章である。

　上記では、「学習の基盤となる資質・能力」を「言語能力，情報活用能力（情報モラルを含む。），問題発見・解決能力等」と記しているが、前著『どう使う？　学校図書館と1人1台端末　はじめの一歩』（全国学校図書館協議会　2022）で説明したように、もともと情報活用能力つまり情報リテラシーは「情報を利用した学び方を知っている」「自ら学ぶ力」である。学校図書館の教科横断的・俯瞰的な視点から見ると、どの教科にとっても学びの基盤となる力がある。それは、「読む力」「図書館を使う力」「資料・情報を使う力」「ICTを使う力」「探究する力」である。

　これらの力は、各教科等において担当教員が必要に応じて指導するより、学校全体で検討して、指導すべきである。各教科等の担当教員が場あたり的に指導すれば、学校全体から見れば過不足も出てくるし、指導する順序も段階的・系統的とはいかない。指導事項を検討し、どの教科のどの単元の時にこうした力を指導するのが適切か、計画的、系統的な年間指導計画を立てることが、児童生徒の学びにとっても、教員の指導にとっても効率的・効果的であるのは言うまでもない。特に「ICTを使う力」の技術的指導はICT活用教育担当者の領域が大きく、「資料・情報を使う力」の育成は学校図書館活用とICT活用の担当者が協働すべき領域である。

②学校図書館は、教科間において、学習テーマの共通性や関連性や、学習すべき情報スキルの共通性や難易度をとらえることができる

　教科における学習テーマには共通性や関連性等がある。教科によってそのテーマへのアプローチや扱う側面が異なる **（図3）**。こうしたテーマの多面性や差異性等を教員が相互に認識

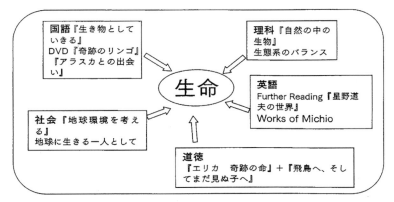

図3　教科等横断的なテーマの関連図

（『学校図書館は何ができるのか？　その可能性に迫る：小・中・高等学校の学校司書3人の仕事から学ぶ』門脇久美子ほか著　国土社　2014　p.116）

して、授業の中で他教科と関連させることで、児童生徒の中でテーマが多面的に体系的に認識できるようになる。それは批判的思考にもつながっていく。

　学ぶべき情報スキルの共通性や難易度についても、教科間の教員で共通認識できれば、他教科の経験を生かしながら指導していける。図3と同様、教科等横断的な情報スキルの関連図を示すこともできる。これらは、司書教諭や学校司書から提案できるカリキュラム・マネジメントである。

③学校図書館は、教科等をつなぐことができる

　学校図書館を媒介にして教科等をつなぐことができる。これは、まさに学校図書館のハブの機能である。②とも関連するが、教科間で関連した学びがあれば、中学校、高等学校では教科担当者にそれを伝えて、教科間のコラボレーション授業を展開することもできる（『どう使う？学校図書館と1人1台端末　はじめの一歩』第4章参照）。小学校においてもクラス担当者にこの関連性・共通性の認識があれば、教科を融合させた授業が展開できるだろう。

　②においても③においても、教員の言葉かけや指導方法のちょっとした工夫によって、各教科という縦割り授業の内容が児童生徒の身の内において統合・融合されて、多面的・多元的なものの見方を作り深い思考へとつながるきっかけとなるであろう。

（3）学校図書館は多様なメディアの資料・情報を扱う
①メディア、情報、資料とは

　メディア（media：mediumの複数形）とは、情報を運ぶ媒体である。メディアには、図書、雑誌、新聞、パンフレット、DVD、動画、Webページ、SNSなど、印刷資料もAV資料もデジタル資料も含まれる。

　情報とは、『精選版 日本国語大辞典』＊によれば、「ⅰ 事柄の内容、様子。また、その知らせ。ⅱ 状況に関する知識に変化をもたらすもの。ⅲ（省略）」である。一般的にはⅰの意味に使われることが多いが、図書館情報学では、「受け手の知識の構造に変化を与えるもの」という定義が広まっている（『図書館情報学用語辞典』）＊。これは、受け手にとって、情報の価値が異なるということでもある。ラーメンの好きな人にとっては、「○○のラーメンはとてもおいしいと評判だ」という情報は価値あるものでも、ラーメン好きではない人にとっては、何の関心もわかず、その情報は価値のないものであろう。したがって「資料」、すなわち「それを使って何かをするための材料」（『精選版 日本国語大辞典』）＊と定義される「資料」から、自分にとって価値のある「情報」、つまり必要な「情報」を探し出すことが、「情報の取り出し」なのである。（＊はいずれもコトバンク〈https://kotobank.jp〉より）

　「情報の取り出し」とは、例えば、『百科事典』という「資料」を用いて、「クジラの種類」という「情報」を探そうとする場合、まず、「クジラ」という見出しを探して、その見出しの

下の文章を読んで、「クジラの種類」について書いてある箇所を探し出す、ということである。

デジタルの百科事典の場合は、「クジラ」という見出しの画面がすぐに提示される。印刷体の百科事典の場合には、「ク」が50音順のどのあたりか見当をつけなければならないし、「つめ」や「はしら」の機能を知っているほうが効率的に探せる。ということは、百科事典の構成や索引等について事前に学んでおかなければならないということになる。印刷体を使うということは、そのような「面倒くささ」や「手間」がある。しかし、その「面倒くささ」や「手間」の中に自分で考えなければならないプロセス、つまり「思考するプロセス」があると言えるのではないだろうか。

②ベストミックスを図る

GIGAスクール構想で目指されていることのひとつに「これまでの我が国の教育実践と最先端のICTのベストミックスを図ることにより、教師・児童生徒の力を最大限に引き出す」ことがある。「教師・児童生徒の力を最大限に引き出す」ために「ベストミックスを図る」のである。

児童生徒の発達段階や経験の程度等を考慮し、今、どのような学びが必要かについて、その時の児童生徒に適した資料・情報を用い、ふさわしい学びの方法でふさわしい授業展開をすることを、クラス全体や一人ひとりの児童生徒を念頭において考慮することが基本であるのは言うまでもない。このように学びに適切な資料・情報を多様なメディアの中から選択して提供できるのが学校図書館であり、これがベストミックスを図ることである。

しかし現実的には、各学校のそれぞれの事情があり、その時に最適なものが用意できない場合があるのは当然であろう。それぞれの事情とは、学校図書館の資料や設備の整備状況や、ICTの整備状況、学校図書館やICTの担当者の状況（配置の有無や経験の程度、情報関連能力等）、授業者のICT活用経験等、多くの要因が関係してくる。それらの事情が総合的に勘案され、児童生徒の状況をふまえて、その時点で考えられる最適なデジタルやアナログの資料・機器や学びの方法が導き出される。その結果、印刷体の絵本のみを使用する方法が選ばれる場合もある。絵本と端末による動画視聴を組み合わせて使う場合もある。

小学校で百科事典で調べさせてからインターネット検索させたり、中学校1年生のレポートは印刷物で調べさせ、2年生のレポート作成でインターネットも利用させたりするところもある。学校全体で基本方針を定めたうえで、ベストミックスを検討している。

③多様なメディアや機器の利用で培われること

さて、学校図書館活用教育においては、図書、雑誌、新聞、パンフレット等の印刷資料やデジタル資料等を学びの中で利用するが、その資料の種類を意図的に利用させることにより、メディアの違いによる資料・情報の特性や違いを、経験値として児童生徒の身の内に蓄積させて

いくことができる。

　また、複数の資料を利用する場合には、机上で複数の印刷資料を比較することもできるし、モニター上で画面を切り替えながら複数資料を比較することもできる。印刷体の資料利用と端末上での資料利用という2つの経験を行き来しながら経験を重ねさせることで、児童生徒の中で、それぞれにおける思考体験や操作体験が融合されていくのではないだろうか。

④学校図書館は教育のインフラである

　これまで述べてきたように、学校図書館は教科等横断的・俯瞰的視点から教科等に共通の学びの基盤的な力を培うことができる。教科等の学習テーマの共通性や関連性等や、必要な情報スキルの共通性や難易度等について、カリキュラム・マネジメントとして教員に共通認識を求めたり、年間指導計画を作成したりすることもできる。ハブとして、教科をつなげた授業展開を行うきっかけを作ることもできる。

　また、学校図書館ではすべてのメディアの資料や情報を扱うために、印刷資料とデジタル資料のベストミックスを図ったり、児童生徒に意図的に多様なメディアを利用させることを通して、紙とデジタルの資料を使い分ける力を培うこともできる。これもまた、カリキュラム・マネジメントとして全校で検討したい問題であり、学校図書館は教育のインフラと言うことができる。以上をまとめたものが**図4**である。

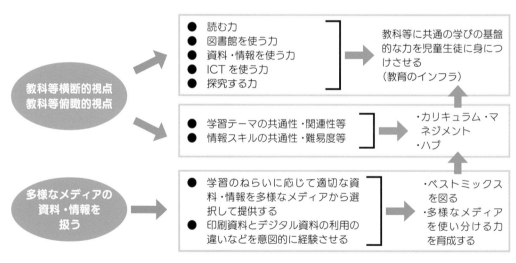

図4　学校図書館活用の教育だからこそできること

第 2 章

ひろがる！つながる！
新しい学校図書館を

新しい発想で学校図書館を変えよう！

　第2章では、学校全体への種々の働きかけや、幅広い教育活動・授業支援を例示して、学校図書館がどう動けば活用してもらえるか、学校図書館の可能性を示したい。

①　ひろがる …　広い視野での情報提供と提案を

端末から広がる学習を

　GIGA スクールの時代。1人1台端末の活用で、Web サイトの検索だけでなく、できることがどんどん増えていく。例えば、教室からバーチャル見学、講師とオンラインでの交流、メールで質問のやり取りなどを、Web サイトのリストやパスファインダーを提供して提案すればどうだろうか。パスファインダーを端末から利用すれば、それは教室でも学校図書館を利用して学習していると言えるのではないか。ひとつの部屋ではなく、学校中が学校図書館、また、社会全体が学習機関へと広がっていく。学校図書館は社会への窓口なのである。

　学校図書館を使うと、授業がどう変わるか。授業支援のメリットを伝えていきたい。

情報の扱い方を教える

　もう、学校図書館は本、という時代ではない。本来学校図書館は、新聞も視聴覚資料も Web サイトも模型などまで扱うところである。「デジタルは ICT 担当、紙媒体は学校図書館」ではなく、情報センターとして学校図書館と ICT 担当が協働で、情報の探し方・扱い方を教えていかなければいけない。情報を吟味する・信頼できるサイトを選ぶ、その姿勢を教えるのも学校図書館である。それぞれの特徴を知り、「こんな時は何を使えばいいかな？」と考える習慣を身につけさせたい。

　また、「なんでもデジタル」ではなく、発達段階や学習内容に合わせた指導も意識して指導計画を立てなければならないだろう。

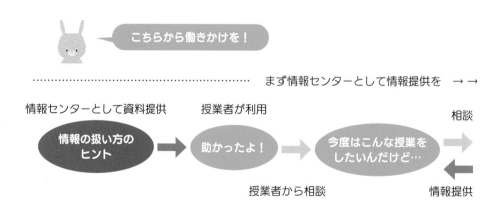

視野を広げて　人をつないで
新しい学校図書館を

情報提供から始めよう！
学習支援ポータルでなくても、
廊下の掲示でも印刷配布でも

②　つながる … 　教科をつなぐ、人をつなぐ、外部機関をつなぐ

各教科とつながる

　学校図書館は、教育活動のインフラとして重要な役割を担っている。家庭科の郷土料理調べ、保健体育科の生活習慣病調べなど、国語科の読書指導だけでなく、理科でも図工・美術科でも音楽科でも、いろいろな教科で活用されるべきだし、そのような学校図書館を作っておかなければならない。

　ロイロノートや Google Classroom のような学習支援システムを使えば、各教科の活用も、一段と便利になるのではないか。例えば、情報カード・引用のしかたなどは、どの教科でも共通に使える。それらを学習支援システムで発信する。端末を通して教師も児童生徒も見られるようにしておけば、いつでもどの教科でも利用できる。また、外部機関を紹介して授業につなげば、さらに充実していく。学校図書館の支援で学習が効率的に深くなるという共通理解が得られれば、教職員の理解と協働が生まれ、学校図書館活用が進んでいく。

教科横断型のハブに

　ある教科で学校図書館のこんな活用をしたと聞いてほかの教科でもやってみる、2つの教科が協力し同じ資料を使って授業する、総合的な学習の時間では情報活用をすべての教科の教員がそれぞれの分野で協力していく、など、多様な活用事例を発信していこう。学校図書館を通して教員の情報交換もできる。学校図書館の使い方やワークシート、外部機関リストなどを作成し提案していくことで、学校図書館が学習活動の中心となっていく。教科横断的に学ぶ、主体的に学ぶために、学校図書館がハブとして教科をつなぐ役割を担っていきたい。

　　→ → そこから学習センターとしての利用が広がる！ ……………………………

種々の学年・教科でのやりとり　　　学校図書館から

授業での活用のヒントや資料の情報　→　職員会議などで事例報告　→　学習センターとして授業利用が増える！　→　学校全体で！

2-1　利用指導

　学校図書館は授業で活用し、休み時間や放課後に読書し、知りたいことを調べるなど、自由に利用できる場である。読書・学習・情報センターとしての機能を児童生徒が自分自身で活用できるように、学び方の指導を小学校から中学校へ繰り返し積み上げていきたい。

学校図書館利用者から生涯学習者へ

　利用指導は施設、設備、資料のある場所としての理解、使い方、貸出返却等のさまざまな約束事を学ぶことから、課題設定、課題解決への探究的な学習過程の指導など、多岐にわたっている。1人1台端末時代には、学校図書館での端末活用の指導・支援も必要である。学校での学習体験は生涯学習者への基盤と言えよう。

利用指導の計画の作成

　司書教諭を中心に、図書館担当者、研修主任、教科主任、学校司書、情報教育担当者、ICT支援員等が年間指導計画を立てていく。利用指導は特別な時間だけではなく、教科学習などいろいろな学習活動の中で指導するよう計画する。

　百科事典を例にすると、まず印刷体で指導し授業で活用、事典に慣れた後に端末でデジタル版を指導する、といった学習の到達度に合わせた計画を立てる。

　利用指導の内容項目については公益社団法人全国学校図書館協議会「情報資源を活用する学びの指導体系表」が参考になる。

　　　　　　　　　https://www.j-sla.or.jp/pdfs/20190101manabinosidoutaikeihyou.pdf

利用指導の手引きを端末にも

　利用指導に活用するワークシートを学校図書館に設置したり、読書指導や読書記録の内容も含めて冊子にして配布したりしている学校もある。学習支援システムを活用し利用指導を端末を使って行うこともできる。教員が取り組みやすい方法を用意したい。

　端末についてもそれを道具として活用できるように発達段階に応じた指導を工夫したい。

利用指導から情報活用能力育成へ

　学習指導要領が小学校から高等学校まで改訂され、教育内容も拡大し、多様化している。

　利用指導は、現在、さまざまな情報源を効果的に活用する知識・技能の習得をめざす種々の活動を包めた言葉となっている。

新たに求められている利用指導

　扱う情報が多様になり、これまでの学校図書館の指導とは異なってきている。館内での図書資料や新聞などの指導だけでなく、Web サイトの検索、また新聞・事典データベースの扱いなどを、状況に応じて組み合わせて指導しなければならないだろう。

　個人情報や著作権・情報モラルなどの指導は、これまで以上に必要になってきている。低学年から発達段階に合わせて継続的に指導しなければならない。

　新たに求められている利用指導について考えてみよう。

・小学校低学年…学校図書館で端末やデジタル教材を使用する場合もある。写真を写したり発表したりもする。まず、印刷体でのシンキングツールや情報カード、観察記録や発表のまとめ方等の指導から始め、徐々にデジタル機器に慣れることも指導していく。

・小学校中学年…印刷体と電子版の両者の特徴を理解、選択できるように計画する。情報カードやシンキングツール等の指導も行う。紙媒体だけではなく学習支援システムに載せることもできる。Web 検索やデータ保存等の指導も必要である。

・小学校高学年…遠隔地との交流や外部講師とのインタビュー等を端末で経験したり、メールで問い合わせたり、館内での利用だけでなく外への関わりも出てくる。デジタル機器を使った情報収集やまとめ方などの学習が増えてくるので、従来の学校図書館の利用指導から内容も増えてくる。個々への支援が必要である。

・中学校〜………これまで学んだことを引継ぎ、繰り返し指導する。情報収集・活用の範囲が学校外へどんどん広がっていくので、著作権等や人とのコミュニケーションなど、社会との関わりを考えさせる指導が必要である。生涯学習を見据え、教育活動全般で指導していく指導計画を立てたい。

2-2　オリエンテーション

　　学校図書館は小学校第 1 学年から国語科の教科書に図書館の活用・情報の活用として取り上げられている。学校図書館の利用案内として発達段階に合わせて紹介するオリエンテーションが重要である。

オリエンテーションとは

　　オリエンテーションとは、図書館のサービスや施設、整理の方法、利用規則などを紹介して、利用者を学校図書館に親しませることが目的である。学年初めや学期始めに学校図書館紹介を行う。学校図書館の活動予定等を知らせる場合もある。館長は校長であること、司書教諭、学校司書、情報担当教員などの関係者も紹介する。

　　発達段階に合わせて、児童生徒がこれから、読むこと調べることを楽しめるようなオリエンテーションを計画し、そのつど記録をつけて検討・改善していきたい。

必要に応じて繰り返す　　　　　　　　　　（3‐4「大切にしよう入学期！」参照）

　　内容は、発達段階や児童生徒の状況に合わせて、段階を経て増やしていくようにする。一度では理解・定着が難しいので、年度初めや学期始め、授業で必要な時など、適宜繰り返して実施していくとよい。

　　以下のような内容を、発達段階に合わせ選んで指導する。教員が図書館活用ノートやワークシートを活用し実施、学校司書が支援するとよい。

【指導内容の例】
　・学校司書や司書教諭の紹介
　・館内の設備や掲示版などの説明
　・0 から 9 類の分類、書架の配置、探し方などの説明
　・新聞・雑誌・パンフレット・ファイル資料などの説明
　・貸出返却の方法、貸出冊数・期限等、保管の注意などの説明
　・情報カードやワークシート等の紹介
　・予約やレファレンス等の紹介
　・ブックリスト、読書記録ノート等の紹介
　・図書委員会の活動紹介

年度初めに

　校外学習などで4月からすぐに使いはじめることも多いので、総合的な学習の初めの時間などに設定しておくとよい。きちんと指導する前に使いはじめると、指導が徹底しないまま定着してしまうこともあるからである。

　また、中学校では、入学してくる1年生が複数の小学校から来るので、それぞれ図書館利用指導や学習経験が異なる場合も多い。事前にある程度把握しておき、授業での学校図書館利用時にどの生徒もきちんと活用できるような指導計画を立てなければならない。

担任が授業を

　司書教諭や学校司書が行う場合も多いが、各担任に授業をやってもらうことで教員全体に浸透するので、双方が協力した指導計画にするとよい。転任してきたばかりの教員は、まだ自校の学校図書館の使い方や情報指導に慣れていない場合もある。児童生徒といっしょに教員への周知徹底という効果もある。

　特に、中学校では教科担任制でそれぞれ独立しており、その時間に担任が他の授業を行っている場合も多い。司書教諭や学校司書が授業をしていても、どんなことをしているか見る機会もなく広がっていかないことも多い。

　担任が授業をすると、「子どもといっしょにやってみて楽しかった」という声も出る。教科によっては初めて学校図書館に来たという教員もいるので、今後授業で使ってみようかというきっかけにもなるだろう。

児童生徒の活動を取り入れて

　児童生徒が相談したり館内を探したりする行動型の学習を入れると、一方的に話を聞くより身につくだろう。

　「一人何冊借りられる？」「＊＊の本はどの書架にある？」「新聞はどこにあるかな？」など、クイズ形式にして、グループで相談しながら学校図書館内を探し、配布された館内図に印をつけていく、といった活動を取り入れている学校もある。

2-3　多様な情報源を

本だけの場所ではないことをアピールしよう。学校図書館は、新聞も視聴覚資料もWebサイトも模型なども多様な情報を扱う。一般教員へも「本だけの場所」ではないことを伝えなければならない。

多様な情報源を

まだまだ学校図書館は本というイメージも残っているが、積極的に多様な情報資料を活用していかなければならない。例えば、新聞は「現代社会を見る」「教科書で習った知識が実社会でどう使われているのか」などには、大変効果的である。Webサイトの検索では、「最新の時事テーマなどは図書資料になっていない」「数字などは最新のデータが入手できる」等々、図書資料との使い分けも必要である。

情報教育の場として

ただし、調べればなんでもいいわけではなく、情報を吟味する・信頼できるサイトを選ぶ、その姿勢を教えるのは学校図書館の仕事である。いきなり自由に検索していいと言われてもうまくできないので時間ばかりが過ぎていく、という場面をよく目にする。学校図書館が方法を教えることで、授業がより深まるだろう。

校内の連携を

多様な情報資料と言われてもそんなにたくさんそろえられない、予算不足で思うように購入できない、という声はよく聞く。しかし、全部こちらでそろえなくてもよいのである。模型などは教科のものを借りればよい。養護教諭と協働すれば図書資料と関連器具の展示もできる。工夫しだいで可能性は広がるものだ。

そのためには、ふだんから各教科・他の校務分掌との連携を意識しておくことが必要である。養護教諭や給食の栄養士など、どんな資料があるか相談するのにも重要な存在である。情報教育の指導計画もICT担当と協働で作成したい。

他機関との連携・紹介も

児童生徒一人ひとりの興味関心に対して、一つの学校図書館だけで対応できるわけがない。そんな時は公共図書館の団体貸出や、博物館・美術館などの関連機関との連携も効果的である。日本新聞博物館の学習キット貸出など、いろいろな施設で体験講座などの学校用プログラムが多数ある。端末でのバーチャル見学など、GIGAスクールを意識した紹介を心がけたい。

＊学習キット｜ニュースパーク（日本新聞博物館）https://newspark.jp/group_program/shinpaku/

提供方法も多様に

　資料を提供する場合も、書架の場所を教えたり、集めたものを別置して置いたりいろいろな方法があるだろう。レファレンスして手渡す場合もある。

　学年全体で探究的な学習を行うような場合は、多数の児童生徒が同時に利用し混雑する場合もあるので、館内展示だけでなく、館外の廊下など広い場所も使って展示するとよい。図書は館内に、雑誌やパンフレットは廊下のスペース、新聞は会議室になど、わかりやすく周知しておく。また、この時間は、1組は新聞、2組は学校図書館、3組は廊下、というように、各場所をローテーションして複数のクラスが利用するような計画も役立つ。授業をする教員は気がつかない場合もあるので、学年の会議に司書教諭などが提案するとよい。

　もし、同じ資料が複数ある場合は、教室にも持っていけるようにすると効率的である。

　端末を使い教室で検索する場合も多くなるが、自由に検索させても時間が過ぎるばかりということも多いのではないか。参考になる Web サイトのリストなどを提供してはどうだろうか。ただし、すべてをこちらから与えるのではなく、発達段階に応じて自分で探していくような指導も必要である。Web サイトの検索、絞り込みの方法なども指導したい。

　同時に多数が検索すると滞ってしまうので、検索できない場合に備えて多少は印刷して展示しておいたという事例もある。このような細やかな配慮が児童生徒の学習意欲の維持につながる。

　パスファインダーも、図書だけでなくデジタル情報、見学場所の紹介など多様に、またそれぞれの調べ方も載せて作り、端末から児童生徒が直接調べられるようにしておきたい。

● **教職員への広報を**

　学校図書館では、図書資料もデジタル資料も外部機関など多様なものを扱うこと、またそれらを授業で使いやすいような提供方法もあることを伝えよう。

　いろいろな機会を利用して情報提供すると、授業者にも役立ち、学校図書館の有効性を実感してもらえる。

2-4　パスファインダーも端末での活用を

　パスファインダーも、多様な資料・情報を紹介し、自分で探す場合の調べ方も入れて、端末から利用できるようにしたい。

パスファインダーとは

　児童生徒が主体的に学校図書館の資料や情報を探し出せるように、資料の一覧や情報の収集手順をまとめたものである。「道しるべ（pathfinder）」とも言われる。

　公共図書館にはその土地ならではのテーマを取り上げたパスファンダーを作成しているところもある。 地元図書館のパスファインダーを参考にしてみるのもよい。

＊国立国会図書館 リサーチ・ナビ「公共図書館パスファインダーリンク集」
https://rnavi.ndl.go.jp/jp/guides/pubpath.html

多様な情報源を

　図書資料だけでなく、雑誌、新聞、Web サイト、体験学習施設、インタビュー先など多様な情報を紹介したい。また、自分で探す場合の調べ方も入れておくことで、将来にも役立つ知識となる。生涯学習を視野に入れた指導が必要である。

　次ページに参考例を載せておいた。ここには、Web サイトの紹介や、インタビューや体験施設などの紹介もあり、調べ方のヒントも載せてある。

端末から見られるように

　次ページの例のように、パスファインダーに Web サイトを紹介し、リンクを貼って端末から児童生徒が自分でクリックして閲覧できるようにしておく方法もある。児童生徒がクリックすればすぐに見られるようにしておくとよいだろう。

　教室でまず端末で、パスファインダーを見たり調べ方を確認したりしてから、学校図書館に来て本を手に取ってみるほうが、いきなり学校図書館に来てうろうろするより、効率的ではないだろうか。

● **端末から学校図書館へつなぐ**

　これからは教室で端末を検索することが多くなるだろう。しかし、そこに、情報の探しかたや信頼できるサイトを選ぶ姿勢などの資料を配信すれば、逆に情報指導が広がることになる。学校図書館が学校中に広がったということにもなるだろう。

全国学校図書館協議会｜学校図書館サポートのページ｜資料・情報活用の支援・指導　より
https://www.j-sla.or.jp/sl-support/siryoukatuyou-b.html

☆さまざまなメディア（情報）にアクセスできるパスファインダーの提供も学校図書館の役割になります。このパスファインダー例を参照していただき、
自校にある資料（本、パンフレット、CD、DVD、情報ファイル、児童生徒の作品など）や、授業支援を行う学年に合った資料を選んでお作りください。

\ 調べる／ \ 考える／ \ 解決する／
調べの道しるべ
授業活用仮想図書館　Lily

横 浜
2021年10月更新

横浜について、興味のあることを調べてみましょう。
例：「開港とまちづくり」「横浜発祥の食べ物」「横浜とシルクの関わり」

図書館の棚をチェック！（分類記号）
郷土資料（090）　横浜の歴史（213.7）　横浜の地理（291.37）
食品・料理（596）　蚕糸業（630）　※学校に資料が少ないときは、公共図書
館の郷土資料や、観光協会のパンフレットを活用しましょう。

調べのヒ
①わからない言葉は、百科事典、学習年鑑
②本、新聞、雑誌、パンフレット、PCから
③インターネットの検索は「横浜_（スペー
　など、短い言葉の組み合わせで調べよう
④そのインターネットの情報は信頼できる
⑤「引用（ぬきだす）」や「要約（まとめ
⑥「出典（情報の出どころ）」をメモしよ

1. 「横浜」ってどんなまち？（☆小学生以上　☆☆中学生以上におすすめです）
【本で調べる】
『鎌倉・横浜がわかる事典：歴史と文化にふれてみよう：修学旅行・社会科
　見学に役立つ』深光富士男／著　PHP研究所　2009　☆
…横浜の名所を写真と短い文章でわかりやすく紹介。
『横浜：交流と発展のまちガイド：カラー版（岩波ジュニア新書）』
　南学／編著　岩波書店　2004　☆☆
…横浜の歴史、産業、まちづくりがトータルで理解できる。見学に持参したい一冊。
『わかるヨコハマ　自然・歴史・社会：横浜市立中学校用社会科・理科・「横
　浜の時間」副読本 2015年度版』横浜市教育委員会、かながわ検定協議会／
　編　横浜市教育委員会　2015　☆☆
【Webで調べる】
「横浜の港」横浜市港湾局　☆
　https://www.city.yokohama.lg.jp/kanko-bunka/minato
「横浜観光情報」公益財団法人横浜観光コンベンション・ビューロー　☆

「はまっぷ」横濱おもてなし家　☆
　http://yokohama-jinrikisha.com/hamachizu/
…人力車を引く車夫、ホテルコンシェルジュ、観光案内所スタッフ作成のまち歩き地図。

2. 「歴史」を調べる

> 分類記号や Web サイトの
> 調べ方などのヒントを、
> 発達段階に応じて提供

1. 「横浜」ってどんなまち？ (☆小学生以上　☆☆中学生以上におすすめです)
【本で調べる】
『鎌倉・横浜がわかる事典：歴史と文化にふれてみよう：修学旅行・社会科
　見学に役立つ』深光富士男／著　PHP研究所　2009　☆
…横浜の名所を写真と短い文章でわかりやすく紹介。
『横浜：交流と発展のまちガイド：カラー版（岩波ジュニア新書）』
　南学／編著　岩波書店　2004　☆☆
…横浜の歴史、産業、まちづくりがトータルで理解できる。見学に持参したい一冊。
『わかるヨコハマ　自然・歴史・社会：横浜市立中学校用社会科・理科・「横
　浜の時間」副読本 2015年度版』横浜市教育委員会、かながわ検定協議会／
　編　横浜市教育委員会　2015　☆☆

【Webで調べる】
「横浜の港」横浜市港湾局　☆
　https://www.city.yokohama.lg.jp/kanko-bunka/minato/
「横浜観光情報」公益財団法人横浜観光コンベンション・ビューロー　☆
　https://www.welcome.city.yokohama.jp/
「はまっぷ」横濱おもてなし家　☆
　http://yokohama-jinrikisha.com/hamachizu/
…人力車を引く車夫、ホテルコンシェルジュ、観光案内所スタッフ作成のまち歩き地図。

> Web サイトの紹介や、
> インタビューや体験施設
> などの紹介も

4. 見学先リスト

横浜開港資料館　http://www.kaikou.city.yokohama.jp/
…ペリー来航から横浜開港、文明開化について学べる。
神奈川県立歴史博物館　http://ch.kanagawa-museum.jp/
横浜市歴史博物館　https://www.rekihaku.city.yokohama.jp/
横浜税関　https://www.customs.go.jp/yokohama/
…税関の業務や横浜の貿易について学べる。
シルク博物館　https://www.silkcenter-kbkk.jp/museum/
…日本の近代化と横浜の発展に深く関わる「シルク（絹）」について学べる。

> リンクを貼って端末から児童生徒が自分で
> クリックして閲覧できるように

2-5　レファレンスと受け方の指導

　学校図書館で、課題解決のための資料や、次に読む本を探している時などに、学校司書が相談に応じ支援してくれることを知らせよう。また、どのように相談すればよいのかを、発達段階に合わせて指導しよう。

レファレンスサービスの紹介

　レファレンスサービスとは、調べたいことや探している資料などの質問に司書が応えてくれるサービスである。知りたいことや読みたい本について、学校司書が相談にのってくれることを紹介する。人に頼ってはいけないと思って学校司書に相談せず、児童生徒が一人で困っているということもときどきある。レファレンスは司書の仕事であり、気軽に相談してもいいのだということを、まず、教えておかなければならない。

　オリエンテーション等で学校司書が「みなさんが読みたい調べたいと思う本や資料を探すことが仕事、声をかけてください。」と自己紹介するのもよいだろう。

レファレンスと受け方の指導を

　児童生徒は、ただなんとなく「妖怪が出てくる本」「おもしろい本」「米の本」など曖昧な表現で相談することが多い。そこで、レファレンスを受ける時になるべく具体的に言えるよう、発達段階に応じて指導することが必要である。

　まずは、自分から質問して学校司書が気軽に応えてくれる経験をさせたい。

　次に慣れてきたら、質問する時の工夫や聞き方のヒントを指導する。担任や学校司書で役割を決めレファレンスのやり取りの演技をしたり、紙芝居やプレゼンテーションソフトで提示したりして、学年に応じてレファレンスの受け方について紹介するのもよいだろう。

相談カードを作成して

　気軽に相談ができるように「相談カード」を用意することもできる。再度詳しい相談が必要な時には、それができる時間を記入する欄もなどもあるとよいだろう。

　また、じっくり相談することで個々に応じた適切な対応ができるし、会話が苦手な児童生徒などが学校司書に話しかけるきっかけにもなる。

質問を絞り込む練習を

　事前にカードに質問を具体的に記入してから学校図書館に行くと、司書はわかりやすくすぐに対応できる。児童生徒にとっても、カードに記入することで、自分の頭の中でモヤモヤしていたことが明確になり、知りたいことを絞り込んでいくことになる。

ここに記入することで質問を具体的に絞り込んでいく練習になり、最終的にはカードがなくても自分でわかりやすく質問できるようになることを目標としたい。

　ただ、これも学年などで記入できることが異なるので、それぞれの発達段階や学習経験に沿ったものを用意しなければならない。

レファレンスのお願いカード①

　　　　年　　組　名前（　　　　　　　）

今、（　　　　　　）について調べています。

（　　　　　　　　　　）と
（　　　　　　　　　　）について
のっている本を教えてください。

レファレンスのお願いカード②

　　　　年　　組　名前（　　　　　　　）

今、（　　　　　　）について調べています。
『　　　　　』の本と
『　　　　　』の本と
『　　　　　』の本で調べました。
さらに （　　　　　　　） について
調べたいので のっている本を教えてください。

レファレンスのお願いカード③　　　　年　　組　名前（　　　　　　　）

今、（　　　　　　　　　）について調べています。
本でいろいろ調べました。

・本以外で調べるための方法があったら教えてください。（新聞・Web サイトなど）
・また、どこか見学できるところやインタビューできるところはありますか。

中学校・高校の
相談カードの例

図書館相談準備カード　　学習テーマ【	】
1、知りたいことはどんなことですか。	（　　　　　）の（　　　　　）は （　　　　　）か？
2、まとめの形はどんなもので、そこにどんなふうに使うのですか。	地図を書いて、そこに説明を書く。 クイズを作って、みんなの前で発表
3、どのくらい詳しいものがほしいのですか。	世界と比較　日本全国　県内 小さい子がわかる程度、宿題のレポート
4、統計数値か、説明した文章か、など、どんな形の資料がほしいのですか。	（かんたんに　くわしく）説明した文 地図　絵　写真　数字

↑記入例

教師へのレファレンスと記録

　教師向けレファレンスも学校図書館の重要な仕事である。レファレンスの記録（質問と回答の記録）は次年度以降の大変有用な資料となり、蔵書計画にも役立つ。

＊国立国会図書館「レファレンス協同データベース」(https://crd.ndl.go.jp/reference/)
　＞レファレンス事例一覧＞館種 あるいは質問者区分

2-6　情報の信頼性

情報を選ぶ姿勢を育てよう。

「情報を正しく選びましょう」とよく言われるが、児童生徒にとっては具体的に話さないとどうすればいいのかわからない。しかし、全部そろえておいて、これは確かだからこの中から使いなさい、というのでは、情報を選ぶ姿勢は育たない。

そもそも、私たちが目にする情報は、絶対的に正しいものなどはなく、印刷資料もデジタル資料も、情報発信者のフィルターを通しているものである。そのことを意識し、その中で自分が妥当な情報を選んでいくという姿勢を指導することが重要なのではないか。

探し方・選び方の指導を

例えば「東京の1月の平均気温は？」と聞かれて「〇度だよ」と教えていては、次に「じゃあ福岡は？」という時にも同じく教えなければならない。「理科年表を見てごらん」と教えれば、次からは自分で調べることができる。このように、答えを教えるのではなく探し方・使い方の方法を教えるのが、学校図書館の一つの仕事でもある。自ら問題を解決できる「生きる力」を身につけた児童生徒を育てていきたい。

情報の比較　注意点

よく一冊本を見つけると満足して写しはじめる児童生徒がいる。Web サイトの検索などではいちばん上に出てきたものを見てしまう児童生徒も多いのではないか。情報源はいろいろあり、それぞれデータも異なってくる場合がある。「一つ見つけてこれが正解」ではないことも教えていきたい。

ある授業で、アメリカ合衆国の人口と面積を調べたことがある。すると、情報源は多種多様で、それぞれ典拠や調査年度による違いがあることがわかった。「調査主体が、国連と政府では」「最新の情報か」「典拠は何か」「内水面を入れるか」「データや地図など客観的に感じるものにも、作り手の主張がひそんでいる」「＊年＊月の…から得たのは…という数字、といった情報の出所（典拠）の明示が必要」等々、注意点に気づくことができた。

逆に、なぜ違うんだろうと授業の中で問題提起に使うのもおもしろいかもしれない。

信頼性の高い Web サイトは？

Web サイトを検索させると、たくさん出てくるのでなかなか絞り込めないということもある。また、信頼性の高いサイトを考えるのも難しい。そこで、学校図書館から、情報検索の方

法やキーワードの入れ方などの指導の例を提示すると授業者が助かるのではないだろうか。

　ただし、「信頼性が高いサイトのリスト」というように、こちらから与えるのはよくないだろう。社会人になって自分で考えられるよう指導していきたい。

〈中学校での指導の例〉

　キーワードや絞り込みの指導は、発達段階や経験の状況によって各校で工夫して提示してほしい。

【例1】　ある学校司書が中学校の生徒に伝えた例

> 「テーマのキーワード」と
> 　　「テーマを担当している信頼できる機関名」で検索
>
> 　　例：日本の出生率の推移を知りたい　→　出生率（スペース）内閣府

【例2】　「テーマ ＋ 情報の種類 ＋ 情報の範囲」というふうに教えることもできる

> キーワードは複数用いて絞り込む
> テーマ　＋情報の種類　＋　情報の範囲
>
> 調べたいこと　　地図、数値、写真　など　　時間的範囲：〇〇年～〇〇年
> 　　　　　　　　　　　　　　　　　　　　　空間的範囲：東京都　文京区など
>
> 　　例：「高齢者　人口　2020年」
> 　　　　「高齢者施設　地図　東京都」

● 学校図書館から提示を

　情報検索の方法やキーワードの入れ方などの例を端末から見られるようにしておけば、どの授業でもいつでも使えて、「学校図書館があると助かる」と感じてもらえるのではないだろうか。

2-7　情報カードも種類を

　学校図書館で扱う資料・情報が多様であるならば、情報カードも、図書用だけでなく、新聞用・Web サイト用など多様なものを学校図書館から提供しなければならない。

　学校図書館に置いておいたり、教室に持っていったり、端末から使えるようにしたり、いつでもどこでも使える環境を作りたい。

情報カードの使い方は

　情報カードは、調べたことをメモするためにある。資料リストの作成にもつながり、要約や引用の区別等を明確にする指導にもなる。児童生徒は、後でどの本だったかわかる、引用の出典を明記できる、などのために使うが、レポートの構成を考える時にも有効である。児童生徒にとって構成を考えるというのは抽象的で難しい場合も多い。その時にカードを並べ替えたり外したりしていくと、具体的で考えやすいのである。

情報資料に合わせて多様なカードを

　これまでは図書資料の情報カードが一般的だったが、多様化する社会に合わせ、情報カードも図書用だけでなく、新聞用・Web サイト用など多様なものを用意しなければならないだろう。

　それぞれの特質に合わせたものを用意するのも、学校図書館の仕事である。作成の際は、児童生徒の発達段階や経験に合わせて作ることも必要である。

調べたいこと	年　　月　　日
資料名	(p　　)

図書用だけでなく、新聞用・Web サイト用など多様なものを用意　記入する事項も変わってくるので指導が必要

記入事項は

図書 … 著者（編者）名　書名　版　出版社　出版年　など

新聞記事 … 見出し　新聞名　発行年月日（朝夕刊）　面　版　地域（本・支社）など

Web サイト … サイト名　発信者　更新年月日　URL　アクセス日　など

データベース … データベース名　提供元　アクセス日　など

記入指導の留意点

　基本は、「他の人が、その情報を確認できるか」「見た人が、元の情報にたどりつけるか」と考えるとよい。しかし小学校低学年では、本の名前を書くだけでも大変な時もある。発達段階に合わせて記入内容もだんだん詳しくするよう指導していってもよいだろう。

　図書は奥付を見て書誌データを記入するが、著者表示の「監修」「編著」や「発行所」「発行人」の区別など難しいので指導が必要である。

　新聞は、刻々移り変わるニュースを次々に紙面に載せていく。13 版・14 版などといって、時間が経つにつれ版を変えて新しいニュースを載せるため、価値判断をして古い記事を外していく。自分が読んだ記事が 14 版だった場合、13 版の記事が見つからないということも起きる。また、同じ日の同じ新聞でも、地域面もそれぞれ違う。元の情報にたどりつくことができるよう、版などの情報が必要である。紙面の上の欄外（日付や版などが表示されている部分）をすべて切り抜いたりメモしたりしておくとよい。

　Web サイトの場合、内容の更新や削除が容易にできるので、アクセス日を書く必要もある。

用途ごとに色を変えて常備

　図書は緑色、新聞は黄色などと、異なる色を決めておいて学校図書館に常備しておけば、わかりやすく使いやすい。職員会議などで教職員にも連絡して、全校で同じように使用できるようにしておきたい。

　学校図書館だけでなく、教室で Web サイトを検索したり新聞を使ったりすることもある。教室にも持っていきやすいよう、職員室にも置いておく。

● 全校一斉に指導を

　図書館オリエンテーションなどで、全校一斉に指導するとよい。また、その授業を担任が行うようにすると、教員にも認識されるので効果的である。

2-8 発達段階に応じた情報活用を

　発達段階に留意して使わせたい。いきなりデジタル情報ではなく、まずは紙媒体の経験が必要である。紙媒体の百科事典で事典の構成を経験しないとオンライン百科事典も使えない。資料・情報の活用は小学校からの積み重ねの上でできるものである。

具体→抽象　主観→客観

　地図の学習を例にして考えてみよう。小学校低学年では、実際に町を歩いて見つけたものを学校に帰ってから大きな地図の上に書いていく（具体を抽象に置き換える）。小学校高学年では、地図を見て町を想像する・見ながら町を歩く（抽象から具体を想像する）。中学校・高校では、デジタル情報で古地図を見て現在の町と比較する（存在しないものも想像する）。このように、物事の把握のしかたが、具体的なものから抽象的なものへ、主観的から客観的に、年齢が上がるにつれて変わっていく。資料・情報の活用も、それをふまえて扱わせたい。

印刷体を知らないとデータベース検索ができない

　印刷体の事典は、全体のつくりを見ることができる。五十音順に並んでいたり、大項目から小項目に整理されていたり、知識の体系的な分類整理という概念を知ることができる。これは図書館に限らず生活全般に必要な概念である。

　オンライン百科事典は、印刷体の百科事典とつくりが同じなので、五十音順で出てくるが、インターネット検索では関連するものが表示される。また、オンライン百科事典で検索する時は、Web 検索と異なり、間にスペースを入れ「＆検索」で絞り込もうとしてもできない。「＊＊市の鳥」を調べる時、印刷体の百科事典を使い慣れていれば「＊＊市」を引いてその中で「＊＊の鳥」を探すが、事典のつくりを知らないと調べられないことになる。

● **小学校からの積み重ねで**

　紙媒体の事典→オンライン百科事典、新聞→新聞データベース、のように、段階を経た指導で、資料・情報の特質を知り、使い分けられるようになっていく。

　小学校から各段階の積み重ねの上でできることであり、小中を通した指導計画が必要である。

2-9　活用場面に応じた情報活用を

目的に応じて使い分ける姿勢も教えたい。情報化社会と言われる現代に生き
る子どもたちには、多様な資料・情報を使い自分で選ぶ姿勢の指導が必要である。

いろいろな資料・情報から選ぶ

　はじめは、発達段階に応じて図鑑、事典…と一つずつ教えていくが、慣れてきたら、いろい
ろなものを同時に使わせていきたい。「事典などは信頼性が高い」「このまえの台風の被害の情
報はWebサイト」「統計などの数値は官公庁のサイトなどで最新のデータを」など、児童生
徒も、経験を積んでいくと自分で考えて選ぶようになっていく。

　例えば新聞でも、児童生徒は、紙の新聞・Webサイトのニュース・データベースを使って
いくうちに、「地方のできごとはデータベースで」とか「複数紙を比べてみよう」というよう
なことを言って、自分から使い分けるようになっていく。

他者の発表から学ぶ

　調べる段階から発表までを繰り返し行うことが大事。他者の調べ方や発表を見て、「あ、こ
ういう探し方もあったのか」「数値データを提示すると説得力が増す」「こんな時は紙の新聞の
一面を見せながら話すと印象的だ」など、注意点に気づき、次回につながっていく。

こんな時はどれを使おうかと考える習慣を

　大切なのは、自分で選ぶ姿勢を育てること。指示された資料を使うのではなく、必要に応じ
て情報を使いこなす姿勢を育てたい。

　「こんな時には、何を使ったらいいかな？」「どこで調べればわかる？」「何を提示したら、
説得力が増すかな？」「これは信頼できるかな？」など、問いかけて考えさせる。学校図書館
で先に本を集めておいてこの中から探しなさい、というのは、一見親切なようだが、発達段階
や活用場面によっては自分で探す力が育たない場合もある。情報教育は生涯学習につながる視
点で行いたい。

2-10　著作権、引用と参考文献

それは君が考えた文章？

だれの写真でも載せていいの？

SNS などでだれもが情報発信者になる時代である。かつては情報を受け取る立場での危険性を教えることが多かったが、今では自分が他者を傷つける危険性も教えなければならない。著作権・肖像権の指導が重要となっている。

（第4章「学校図書館と著作権」参照）

ICT 担当と協働での指導計画を

　これまでは図書資料についての指導が中心であった。しかし、GIGA スクール構想の時代となると、指導も幅広いものが必要である。「図書は学校図書館担当、Web サイトは ICT 担当」というような発想ではなく、情報教育という観点で、協働で指導していかないといけないないだろう。かつて、図書館オリエンテーションと言っていたものも、学校図書館だけでなく、端末の使い方や Web サイトの扱い方、レポートのまとめ方や発表での ICT の活用までを含めた指導計画とし、情報指導全般をいっしょに学習していくことが必要である。

常に確認しながら

　社会の状況とともに著作権法も変わっていく。Web サイトの活用とともにデジタル情報の指導も必要になってきた。公衆送信の知識も必要である。常に最新の情報を確認していく姿勢が必要である。

　下記サイトには、年齢に合わせた指導方法やワークシート・映像資料なども載っているので、指導計画の参考になる。また、教職員へ紹介するだけでも効果があるだろう。

　　　＊公益社団法人 著作権情報センター　http://www.cric.or.jp/qa/index.html
　　　＊文化庁　http://www.bunka.go.jp/
　　　＊ SARTRAS（サートラス）「学校教育と著作権」 https://sartras.or.jp/educationcopyright/

引用の指導を

　試しに、児童生徒に"レポートの中の自分が考えたものではなく、本から写したり要約したりしたところに「　」をつけてみて"と言うと、ほとんどが「　」になってしまい、自分の文章がないというレポートもよくある。他の人の文章を自分の文章のように書くことは剽窃になることを指導しなければならない。

　他の人が調べたり考えたりして書いたものと自分の文章の区別を、初めから教えていくことが将来につながる。小さいうちは難しいから引用は中学校から指導すればいいのではないか、といった考え方も聞くことがあるが、習慣化した後から引用の指導をしても定着が難しい。著

作権の認識をしっかり持たせるためにも、初めての「調べてまとめる学習活動」から、この引用の指導をするべきである。

　引用の出典は奥付を見て記入することが基本だが、小学校低学年に「著者名・書名・出版社名・出版年」などと言っても、どこをどう写していいのかわからず混乱するだろう。ここでも学習経験や発達段階に応じた指導が必要である。小学校低学年には、はじめは「本の名前（書名）」や「背ラベルの数字（請求記号）」、慣れてきたら「＋ 書いた人」「＋ 出版社」などと、学年が上がるにつれ少しずつ増やしていくこともよいだろう。「情報カード」と情報から得た感想などを書く「感想カード」などを色を変えて使用すると、視覚的にもわかりやすくなる。

　要約したら丸写しではないので書かなくてもいいのではないかという質問を受けることもある。要約しても引用したことに変わりはない。引用元を書くことは当然必要である。

「引用」と「参考文献」

　最後に参考文献を書けば、本文中に引用したところには出典を書かなくてよいと思っている場合も多いが、両者は別のものである。引用と参考文献の意味や書き方の指導もやっておかなければならない。

　＊引用…文章中に引用した他人の文章・図・写真など一つひとつに引用元の情報をつける。
　＊参考文献…直接引用していなくても参考にしたものすべてを文章の終わりに一覧にする。

見本を作ろう

　子どもは具体的に例示されないと、どうやっていいのかわからない。見本を作って、掲示したり配布したりしてはどうだろうか。引用のしかたやまとめ方などを入れたレポート作成見本を作り、いつでも端末から見られると便利である。引用のしかたやまとめ方の指導は全教科の活動に必要なものである。一度入れておけば全教科で使えるので授業者も助かるだろう。

自校の状況に合わせた指導を

　ただし、発達段階や学習経験に留意して、その学校・学年に合わせた指導を心がけたい。

　引用の出典の書き方は、情報カードのところを参考にして、Web サイトや新聞なども指導してほしい。インタビューやアンケート集計なども、一つひとつ指導が必要である。さらに、著作権ではないが、授業者としては、アポの取り方・電話のかけ方等もいっしょにあると助かるのではないか。　　　　　　　　　　　　　　　**（2-7「情報カードも種類を」参照）**

〈中学校での指導の例〉

【レポートを書く時の引用のしかた】

● 「引用」と「参考文献」の区別もしっかりと。

● 最後に参考文献を書けば、文中に出典は書かなくてよい？　　→　　それは　✖

引用　一つひとつにつける

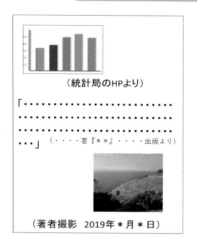

（統計局のHPより）

「・・・・・・・・・・・・・・・・
・・・・・・・・・・・・・・・・・
・・・・・・・・・・・・・・・・・
・・・」（・・・・著『＊＊』・・・・出版より）

（著者撮影　2019年＊月＊日）

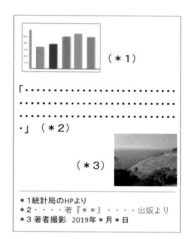

（＊1）

「・・・・・・・・・・・・・・・・
・・・・・・・・・・・・・・・・・
・」（＊2）

（＊3）

＊1 統計局のHPより
＊2 ・・・・著『＊＊』・・・・出版より
＊3 著者撮影　2019年＊月＊日

どちらの書き方でも　

要約しても、自分が考えた文章
でないことは同じ
引用の出典は、必ずつけよう

参考文献　最後にまとめてつける

【参考文献】

図書資料
1 ・・・・・
2 ・・・・・
3 ・・・・・

Webサイト
1 ・・・・・
2 ・・・・・
3 ・・・・・

他
1 ・・・・・

2-11　教科等をつなぐハブとして

学校図書館がつなげば、やりやすい

　教科の学習の中では、情報の集め方、著作権や情報モラルの指導も、まとめる時には引用や参考文献の書き方、発表の方法など、いろいろな指導が必要になってくる。これらは、特定の教科ではなくすべての教科に関わることで、情報の専門家（学校図書館）から各教科へ提供すれば効果的である。学習の流れやワークシートなどを、職員会議などで折に触れて情報提供していけばどうだろうか。

　また児童生徒にも、情報カード・引用のしかたなど、どの教科でも共通に使えるものを教科で活用のヒントとして学習支援システムで発信する。端末を通して教師も児童生徒も見られるようにしておけば、いつでもどの教科でも利用できる。

　教科横断的な学習も、学校図書館が中心になればやりやすい。

　学校図書館が中心として強く引っ張るのは大変だと思うかもしれない。しかし、あまり力まず、できる部分で資料支援をしたり提案したり、授業実践メンバーのひとりとして緩やかなつながりを意識すればやりやすいのではないだろうか。

　学校図書館が支援したり核となったりして、教科をつないだ事例をいくつか挙げる。実際の実践事例を参考に、整理修正し簡略化してまとめたものである。

【例1】委員会活動×道徳×総合×各教科　〈掲示物作成と保存〉

　例えば福祉委員会で「人権問題」に関する新聞記事を探して切り抜き、図書やWebサイトで調べたことを付け加えて掲示物を作る。給食委員会で「食育」、保健委員会で「健康」など、テーマはいろいろ設定できる。

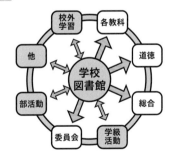

　できあがった掲示物は写真を撮り、蔵書の一環としてデジタル保存しておく。司書教諭や学校司書が資料リストとして提示することで、教科の単元や道徳や総合など、内容の関連する授業の時に使うこともできる。学校図書館が中心となることで、教員が学習活動の結びつきに気づいたり、児童生徒も自分たちの活動がいろいろな学習内容に関連することに気づいたりする。

第2章　ひろがる！つながる！新しい学校図書館を

39

【例2】理科×算数科×体育科（保健）×家庭科×養護教諭　（小学校）
〈生命のつながり　人のたんじょう〉

　5年生理科の「生命のつながり　人のたんじょう」で
は算数科が関連する。人の誕生の様子を既習のメダカの
誕生と比較し学習するが、ここで算数科の整数・小数・
分数の学習が生きる。人の誕生から育て方に広がる児童
もいたり、他の生き物はどうかと調べる児童もいたりす
る。特別な教科の道徳の「D　主として生命や自然、崇高
なものとの関わり、生命の尊さ」を実感する瞬間でもある。

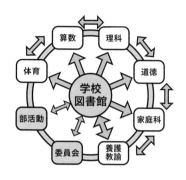

　学校図書館は児童の高まった興味関心に応えて、各教科に関連する多方面の資料をできるだ
け準備する。養護教諭には実物大の新生児人形の用意と児童の質問への回答を依頼する。授業
の後でも見られるように展示しておくと、今後の他の教科の授業にもつながるだろう。また、
高学年保健の体の健康と心の健康の単元にもつなげたい。教科の特性を尊重し重なるところ、
補うところを大切にして、学校図書館が支援していく。

【例3】国語科×社会科　（中学校）〈扇の的号外・歴史新聞づくり〉
　情報の意義や価値は多面的であることを考えさせることが目的。

　平家物語「扇の的」の学習後、もしこの時代に新聞号外があったらという設定で、「与一の
快挙」についての号外を作る。号外の作り方は、司書教諭が仲介し、オンライン授業で新聞記
者の講話を聞く。平家側、源氏側、与一の故郷の地方紙、
瀬戸内海の漁協の業界紙、など立場が違えば評価や書き
方も変わることに気づかせたい。

　はじめに国語科で学校図書館を使って調べ、号外を
作って廊下に掲示。するとそれを見た社会科の教員が、
「国語科でこれだけ新聞の指導をしているんなら、歴史新
聞をもできるよねぇ」と夏休みの宿題に。それを国語科
教員が司書教諭や学校司書に伝えたところ、社会科のそ

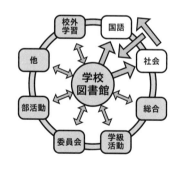

の教員に、「資料も提供できます、号外でない普通の新聞のフォーマットもありますよ」と声
をかけてくれ、資料を活用し生徒たちがとてもおもしろい歴史新聞を作った。

2-12　情報教育の体制作りを

　校務分掌も年間計画も、これまでとは違ってくる。校内での各教科やそれぞれの校務分掌、校外では地域の人・外部機関など、いろいろなものを結びつける体制作りが必要である。学習活動のために学校施設の係や保健指導部があるように、学校教育のインフラとして、情報教育指導部がある、という考え方がふさわしいのではないだろうか。

校務分掌の見直しを

　これまでは、デジタルは ICT 担当、紙媒体は学校図書館といったイメージもあり、校務分掌も別々の位置づけが多かった。しかし、情報教育の必要性を考えれば、ICT 担当といっしょに情報教育計画を考えることが必要であり、同じところに位置づけられるべきであろう。

　また、年間計画・指導案・ワークシートなどを、双方の内容を盛り込んで相談しながら作っていくと、実際の学習活動に沿った児童生徒が使いやすいものが生まれるのではないか。

情報活用能力指導計画も

　図書資料やデジタル情報など幅広い情報の指導が急ぎ求められている。これまでは情報を受け取る側の指導であったが、SNS などこちらから発信する時の課題も多く指摘されている。一つの教科で、調べまとめて発表するという学習活動を考えれば、これらのことは引用や著作権の課題とともに、学校図書館と ICT に共通する課題である。これまで別々に指導計画を作っていた場合も多いが、これらを融合しそれぞれの視点を盛り込んだ一つの指導計画にすることが、学校の教育活動全体への貢献にもなるだろう。

学校図書館運営の年間計画も

　情報センターとして考えれば、指導計画も他の校務分掌との協働を念頭に置いた形でなければならない。ICT 担当との協働や、外部機関との連携を意識していく活動計画が必要となる。

そのためには、いつごろどのような外部機関の協力が必要か、連絡の取り方はどうすればよいかなど、各教科の予定を把握しておく必要がある。年度初めに予定を聞いてもまだはっきり決まっていない場合も多い。各学期初めの希望調査など、自校の実情に合わせてきめ細かく対応することが大事である。

年間計画の例

①などの数字はその行事に対応、＊は通年または必要な時期に　（赤字でよかった点改善点をメモしていく）

学校行事等	活動内容				ICTとの連携	外部機関との連携
	開館業務	読書センター	学習センター	情報センター		
4月 ①図書館開館 ②年間利用予定調	＊学校図書館活用年間計画の作成 ＊ICT担当者と連携し、Google ClassroomにＦ「学校図書館の部屋」を作り、1人1台端末からも利用できるように設定する。 ①新年度の貸出システムの準備　図書委員会担当者などとも確認 ＊開館業務、蔵書管理、館内整備、図書委員会の指導支援　等 ＊情報カード等の設置	＊朝読書用学級文庫の整備配布 ＊季節の読書展示 ＊新聞記事紹介の掲示 ＊読書案内、図書館だよりなど	事前打ち合わせ担当教員・司書教諭・学校司書で計画を相談 収集可能な情報の相談 学習の流れ、ワークシートの相談 資料準備、情報収集の支援	＊情報学習指導計画の作成（ICT担当と協働で） ＊図書館紹介、十進分類表等の掲示、「学校図書館の部屋」にUP ＊著作権や引用などの注意事項を掲示、「学校図書館の部屋」にUP ③図書館利用・情報活用等のOT準備 ・ICT担当や担任などとの打合わせ ・図書館利用、貸出し、情報検索の方法、著作権などをICT担当を協働で ・指導案、ワークシートを作成	＊情報学習指導計画の作成（司書教諭と協働で） ＊子どもの端末に学校図書館へのリンクを作成 ③情報活用OTの相談、計画作成 ②電子書籍との関連相談 ③端末操作、検索の支援など	＊公共図書館等と今年度の利用予定を打ち合わせ ⑤団体貸出申込 ⑤博物館、企業等の情報を担任や子どもへ提供 ⑤新聞博物館へ貸

学習センターを取り出して作った活動計画の例

教科等の予定	学校図書館の活動	具体的な活動内容			ICTとの連携	地域との連携
		授業者	司書教諭	学校司書		
4月 5月 （実際の授業は6月だが事前準備は4月から行う）	事前打ち合わせ担当教員・司書教諭・学校司書で計画を相談 資料準備、情報収集の支援	目的や流れのイメージを説明 収集可能な情報の相談 1学年4クラスの情報収集のローテーションの相談 学習の流れ、ワークシートの相談	目的や実際の生徒の活動の流れ確認 教室使用ローテーションの相談 相談カードや情報カードの説明、準備 端末からも使えるようにしておく	実際の生徒の活動の流れ確認 資料の準備 ・学校図書館資料 ・データベース申込 ・公共図書館の団体貸出 ・提供する新聞の準備 ・切抜記事の用意 ・新聞データベースとWebサイトの検索 パスファインダーの作成、UP 情報カードの設置・記入の補助 レファレンス 禁帯出コーナーの設置	データベース、Webサイト検索等の打ち合わせ パスファインダーや情報カード等のUP データベースやWebサイトの検索支援 まとめや発表のデジタル保存	地域の協力者の情報提示
福祉体験学習	学習活動 担任が学習の指導 学校図書館は情報収集やレポート作成の支援					公共図書館の団体貸出申込 特集記事を取材した新聞記者に講師依頼
6月 【社会科】 世界の国調べ	事前打ち合わせ 資料準備、情報収集の支援	目的や流れを説明 収集可能な情報の相談 学習の流れ、ワークシートの相談	目的や実際の生徒の活動の流れ確認 授業支援の予定の打ち合わせ 情報カードの説明	目的や実際の生徒の活動の流れ確認 資料の準備、パスファインダーの作成、UP、情報カードの記入の補助 レファレンス 禁帯出コーナーの設置	上記と同様 パスファインダー等のUP、検索支援、デジタル保存　等	教員やPTAなどその国に詳しい人を探す
	事前打ち合わせ 資料準備、情報収集	目的や流れを説明 収集可能な情報の相談	目的や実際の生徒の活動の流れ確認	目的や実際の生徒の活動の流れ確認	上記と同様 パスファインダー等	地域の協力者の情報提示

2-13　連絡システムを作ろう

　学校図書館利用申し込みや相談など、教職員との連絡システムを作れば便利になる。これまで紙で行っていたり、時間が合わなくてなかなか相談できなかったりしたことも、ロイロノートや Google Classroom のような学習支援システムを使えば簡単になる。

利用申し込み

　これまでは、学校図書館を授業で使う場合、司書教諭や学校司書に直接申し出たり、職員室に1週間や1か月の申し込み表が貼ってあってそこに希望を書き込んでいったりという方法をよく聞いた。いつどんな申し込みがあるか、希望が重なっていないかなどは、その申し込み表を見ないとわからなかったが、学習支援システムの中に連絡システムを作れば、これをいつでも自席で確認したり申し込んだりできる。学校司書も支援ポータルから確認すれば学校図書館から離れなくてすむ。

教職員の連絡も

　学習支援システムの中に教職員のチャットのやり取りのようなコーナーもあるとよいだろう。授業者がいつ学校司書がいるか知りたい、こんな授業をしたいがどんな情報資料があるかなど、顔を合わせて相談することが難しい場合も便利に使える。さらに詳しい打合せがある場合は、何曜日の何時間目があいているのでそこで相談しようというような連絡ができる。

　司書教諭と学校司書の連絡も簡単にすむことはそれですませ、詳しい打合せが必要な時の時間の確認も簡単にできる。

　連絡時間の確保の必要性を訴える声をよく聞くが、司書教諭と学校司書や学校図書館担当者と教職員など、いろいろな人との連絡が便利になるのではないだろうか。

自治体単位のシステムも

　自治体単位での学校図書館間の連絡システムもほしい。

　学校司書どうしが学校間で連絡を取り合えれば、資料の相互貸借も大変便利になる。資料収集やパスファインダーなどの作成も相談できる。また、司書教諭が自治体の学校間で相談できれば、年間計画や学習活動など情報交換することができ、有効活用できるだろう。

2-14 広報のデジタル化

学校図書館の広報活動はいろいろあるが、中心的な活動は学校図書館だよりの発行である。対象は、児童生徒、保護者、教職員である。今までは紙での発行がほとんどであったが、これからは学校ホームページを活用していくことを考えていきたい。

学校図書館だより

小・中学校では、学校図書館から学校司書や司書教諭が月に1回程度、保護者も読むことを前提に、児童生徒向けに発行されていることが多い。高等学校では図書委員会による発行も多い。内容は児童生徒には情報提供における利用促進、保護者に向けては理解と協力を得ること等である。紙による配布が主である。白黒印刷での配布が多いが、学校によってはカラー印刷の配布がなされているところもある。紹介本の表紙がカラーだと魅力が伝わりやすいが経費の確保が必要である。今後は、紙版とともにデジタルでの活用を考えていきたい。

学校ホームページに学校図書館コーナーを設置

学校図書館活動の充実・推進のために、学校ホームページが活用できる。積極的な情報公開・提供は学校図書館への関心と理解を広げ、学校、保護者、地域が一体となり学校図書館活動を推進していくためにも大きな力を発揮する。

まずは、学校ホームページに学校図書館だよりのフォルダを作成し、学校図書館だよりを掲載していくとよいであろう。紙版だけだと配布時のみ目を通すことになりがちであるが、ホームページ掲載でいつでも関心がある時に見ることができる。紙版で配布されない地域の人たちも見ることができるよさもある。紙版でも学校ホームページ掲載でも著作権と個人情報には十分な配慮が必要である。また、掲載される前には必ず管理職の承認を得る必要がある。

コロナ感染症による全国学校一斉休校時にも力を発揮

現在は、1人1台端末を所有しているので、端末の学習支援ソフトを通じて、さまざまな資料情報提供ができるが、1人1台端末が普及していない全国学校一斉休校時に、学校ホームページ掲載の学校図書館だよりを通して、休校中に出された各教科の課題に対してWebサイトの情報等を提供し、学習支援をしていた学校図書館もあった。また、青空文庫等の情報を掲載していた学校図書館だよりも中学校では多かった。

学校ホームページは学校図書館掲示板……いろいろな情報が載せられる

学校図書館だよりだけでなく、さまざまな情報が載せられ、児童生徒だけでなく保護者、地

域の方々に提供できる。

- ・図書館の様子・配架図・開館予定・貸出状況・新着お知らせ
- ・おすすめ本リスト・テーマ別ブックリスト
  …常時掲載のものと折々に掲載していくものと変化を持たせる
- ・本の紹介・ブックトークなどの動画を載せておくこともできる。
- ・校内コンテストなどの取り組み・図書委員会の活動紹介・ボランティアの活動紹介　など

著作権に注意しよう　　　　　　　　　　　　**（第4章「学校図書館と著作権」参照）**

　学校で著作権の例外が認められているのは、授業の過程のみである。

　学校ホームページや学校図書館だよりは、著作権について十分考慮した上で、作成していかなければならない。

　まずは、児童生徒の肖像権・氏名公表権等への配慮である。学年当初に、学校だより、学年だより、学校図書館だより、学校ホームページ等への掲載確認を各家庭に行っている学校もある。また、写真、個人名を一切載せないとしている学校もある。各校の状況に応じて、対応は考慮されていることであろう。

　さらに、イラストにも気をつける。Webサイト上のイラストの使用条件を確認しないで使用して、賠償金請求が生じている事案が生じている。Webサイトからのイラスト使用には十分気をつけていく必要がある。

　学校図書館だよりは、紙媒体でも、学校ホームページ掲載でも、学校だよりと同様に個人情報の掲載には、十分な配慮をする。イラストも同様であるが、書籍の表紙画像を掲載するなどが多くなる。本の表紙のイラストや写真は、学校図書館だよりでの掲載が、図書の単なる紹介ではなく、貸出することへの広報が目的である場合は、著作権法第47条第2項に基づき、著作者の許諾を得ることなく掲載することができる。該当する本そのものから撮影し、紙媒体の場合、写真は50平方センチメートル以下、学校ホームページなど電子媒体の場合は90,000画素以下（複製防止技術が施されていない場合は32,400画素以下）等と定められている。

　　＊国立国会図書館「レファレンス協同データーベース」（レファレンス事例詳細）
　　　https://crd.ndl.go.jp/reference/detail?page=ref_view&id=1000132222

　学校図書館だより等には、個人が映る写真に配慮することが多いが、1年間の貸出数ベスト〇位、名簿、優秀読書標語作成者、本の感想など個人名を載せがちである。本人の了承だけでなく保護者の承諾も必要になってくる。記事の編集には十分個人情報に配慮していきたい。

2-15　教育委員会の活動

教育委員会が担当の小中学校の学校図書館長（校長）・司書教諭・学校司書
等を指導支援することで学校図書館の活動は、さらに活性化する。

学校図書館支援だより

　学校図書館支援室があれば、そこが担当して、学校図書館向きにお便りを出す。支援室がない場合でも、指導主事が学期に一度くらいは、情報や課題を知らせていくとよいだろう。

学校図書館訪問

　学校長等管理職を対象としたり、教員の授業研究を対象としたりして、教育委員会指導主事等による学校訪問が、1年に何回か実施されている。その訪問項目に学校図書館が入ることを基本としたい。学校図書館支援センターがある場合には、担当責任者も同行する。学校図書館長（校長）に学校図書館の現状を聞き、学校図書館の3つの機能が活用されているか、今年度の重点目標は何か等を質問し、現状と課題を把握する。そして、必ず学校図書館を見学し、実際の状況を確認する。できれば司書教諭や学校司書からも話を聞く時間を設定するとよい。

研修計画を立てる

　自治体によっては、学校司書研修を毎月、司書教諭研修を1年に複数回、学校司書と司書教諭合同研修会も設置されている、少なくともこの3つの研修会を学期に1回は実施できていくように計画を立てる。

　研修内容にICT活用等も取り入れていく。その場合には、情報教育担当者もともにメンバーに加えていくことが大切である。主体的・対話的で深い学び、探究的な学習に学校図書館を核とした授業展開には研修が欠かせない。

　そして、学校図書館長（校長）研修会も設定していく。単独で設定できない場合には、定例の校長会の時間を15分でも20分でも確保して、学校図書館について重要なポイントを伝えていく。

学習支援システムの研修を実施する

　学校司書に端末を配付する自治体は増えつつあるが、まだ配付できていなかったとしても、端末に入っている学習支援ソフトがどんなものであるか、児童生徒はどう使っているのか学ぶ必要がある。学んでこそ、支援ができる。

共同でやれることは連携して実施していく

　例えば、パスファインダーは、学校独自で司書教諭や学校司書が作成していくと、テーマの数が増えていかないが、研修会等を利用して共同でやることによって、テーマの数は増えていく。それを、教育委員会のサイトに載せていくことによって、お互い利用しやすくなる。

コラム【学校図書館運営委員会を立ちあげよう】

教育委員会は
「学校図書館長（校長）を会の責任者として、
学校図書館運営委員会を立ちあげよう」
と、各学校へ働きかけていく。

「学校図書館ガイドライン」（2016 年）で、
"校長は学校図書館長である"と明示されてから、学校全体の
組織として学校図書館運営員会が作られる学校が増えている。

（例）メンバー
A 小学校：校長・副校長・教務主幹・情報教育担当教員・
　　　司書教諭・学校司書
B 中学校：校長・教頭・司書教諭・学校司書・
　　　各教科主任・ICT 担当教員

学期に 1 ～ 2 回は開催。話し合われたことは、職員会議で報告され、
教職員の共通認識を高め、実行されていく。
学校長が学校図書館長としてのリーダーシップを発揮することで、
学校ぐるみで学校図書館活用が活性化してきている。

第2章　ひろがる！つながる！新しい学校図書館を

47

コラム 【それぞれの特質をおさえた活用を】

紙の新聞の一覧性に注目

Web サイトのニュースはすぐに見ることができる。
新聞データベースは過去の検索ができて大変便利。

しかし、紙の新聞は

例えば、紙面をめくっていくことで

1面では　　・・　大きなできごとの概要が

経済面では　・・　それが社会経済へ及ぼす影響について

国際面では　・・　世界ではそれをどう見ているか

地域面では　・・　自分の住む地域への影響は

というように、

・社会を多面的に見ることができる

・地域や立場の違う人へ思いを及ぼすことができる

このようなことが図書資料やインターネットの情報との違いかもしれない。

生きる力を育む
学校図書館を

読む力は生きる力！

　すべての学習の基礎は読む力をつけることから始まる。1人1台端末の導入・活用、情報活用能力育成でも読むことを大切にしていく基本に変わりはない。第3章では、従来の読書活動を確認・見直しながら、1人1台端末の活用を考えていきたい。

①　**読書の意義は普遍**　…　「読む力」は「生きる力」
　大人にとっての読書とは、人生を豊かにしていく。成長段階にある子どもにとっての読書は、自分を成長させ、生きる力になっていく。子どもにとっての読書のもつ重みを大人の読書と同等に考えることなく、きちんと把握し、読書指導に取り組んでいかなければならない。

子どもにとって読書する意義
　①ことばを学ぶ・読むことを学ぶ
　②想像力・思考力・判断力などが育成される
　③情報を使う力が育成される
　④知識や情報を得る
　⑤「生きる」ための知恵を得る
　⑥心のごっこ遊びを体験する
　⑦もう1つの世界と出会う

「探究　学校図書館学4『読書と豊かな人間性』」「探究　学校図書館」編集委員会／編著　全国学校図書館協議会　2020
第1章　1読書の意義　堀川照代／著　より

　⑤〜⑦のように本の中で豊かな感情体験ができる。不快感情をも体験し、そこからどう抜け出すのかも知らず知らずのうちに学んでいく。自分の世界とは異なる著者の構築した世界の中で、想像力と好奇心と感受性をフル回転しつつ、さまざまな体験に出会う喜びと、そこから得た自分の思いや考えの向上に向き合っていく。そうしながら、子どもたちは成長していく。
　「子どもの読書活動の推進に関する法律」（2001）では、「読書活動は、子どもが、言葉を学び、感性を磨き、表現力を高め、創造力を豊かなものにし、人生をより深く生きる力を身に付けていく上で欠くことのできないものである」と明文化され、「これからの時代に求められる国語力について」（文化審議会答申2004）では、「読書は、人類が獲得した文化である。読書により我々は、楽しく、知識が付き、ものを考えることができる」と述べている。

② **読書は幅広い**

　読書とは、本を読むことに加え、新聞、雑誌を読んだり、何かを調べるために関係する資料を読んだりすることを含んでいる。

大きく２つの読書力…心の成長を促す力と情報を使う力

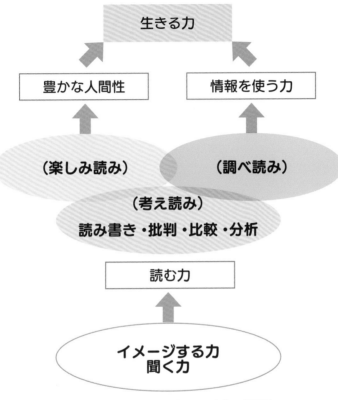

『「学校図書館ガイドライン」活用ハンドブック解説編』
堀川照代／著　悠光堂　2019　（図を上下逆に修正）

・楽しみながら読む
・想像しながら読む
・集中して読む
・さまざまな世界を疑似体験する
・登場人物の感情を共有する
・新たな考え方に出会う
・価値観・判断力を培う
・感情管理の方法を学ぶ
・主体的対話的に読む
・長文を読む、１冊を読み通す
・読書を通して自己を向上させよう
　とする意欲
　　（読書材の選択にもつながる）

・課題を見つける
・調べたい情報が探せる
・何が書かれているか
・的確に読む
・必要な部分だけを読む
・情報をくらべて読む
・情報を重ねて読む
・情報をつなげて読む
・写真・図表を利用して読む
・さまざまな知識の獲得
・興味関心の広がり
・情報源の確認ができる

旅立とう本の世界へ

詩・笠原良郎（元全国学校図書館協議会理事長）

本の世界は広い

　　本のなかで　私たちは

　　たくさんの未知のことに出会う

　　たくさんの未知の人びとにめぐり会う

　　本のなかには　ふしぎな体験　思いがけない発見がある

　　読むことで　私たちは人間の偉大さを学ぶ

　　読むことで　私たちの世界は限りなく広がる

本の世界は豊かだ

　　本のなかで　私たちは

　　さまざまな人たちの生き方を知る

　　さまざまな考え方にふれる

　　本のなかには　しみじみとした共感　胸はずむ歓びがある

　　読むことで　私たちは生きることのすばらしさを学ぶ

　　読むことで　私たちの世界は限りなく豊かになる

　　読むことは　考えることだ

　　読むことは　学ぶことだ

　　読むことは　よりよく生きることだ

　　読むことで　私たちは強く大きくなる

『広げよう　想像のつばさ　伝えよう　読書の楽しさ〜子どもの読書　推進のために〜』
全国学校図書館協議会　1999

　読書の意義をふまえながら、すべての子どもたちに読む力をつけていかなければならない。読書力は、努力なしには獲得できない。齋藤孝氏やまど・みちお氏が言うように、離乳食から噛み応えのある読書にしていかなければならない。読むことは読むことによって育まれていく。よりよく生きるための読書ができるために、どう読書指導していくかが重要である。

3-1　使い分けよう！デジタル情報と紙の本

１人１台端末があるから、なんでも端末を使おうということでなく読む力や
思考力をつけるには、どうしていけばよいか考えよう。

使い分けよう　… デジタル情報と紙の本

紙の本と電子書籍を使い分ける

　2023年度入学した１年生が、４月、絵本の表紙に手を置いて、縦にスクロールしようと
手を動かした話、一度母親や父親の声を吹き込んでおくと、その声でAIが本を読み上げてく
れる機能が出てきた話など、ICTが幼い子どもたちの生活に大きく入り込んできている現状
がある。また、AIが創造力を既に身につけ、文章を作成することも可能になり、学生や社会
の課題もやりこなすところまで来ているという現状にあり、生成AIの扱い方が世界的に問題
となっている。

　読み物としての電子書籍が入手できないと焦る必要はない。調べる本と違って新しい情報を
追い求めることはないからだ。

　松岡享子氏は『子どもと本』岩波書店（2015）で「子どもの本の場合、新しい本—出版さ
れたばかりの本—を追いかける必要はまったくありません。子ども自体が"新しい"のです。
たとえ百年前に出版された本であっても、その子が初めて出会えば、それは、その子にとって
"新しい本"なのですから。そして、読みつがれたという点からいえば、古ければ古いほど、
大勢の子どもたちのテストに耐えてきた、"つわもの"といえるのです」と述べている。学
校図書館にある蔵書を大いに活用していけばよいということだ。すべてのことにAIを使うこ
とが時代の最先端ということではないであろう。立ち止まって考えてみることが大切である。

　AIの進歩はめざましいものがある一方、脳科学者・認知科学者たちは、デジタルより五感
を使って紙で読んでいく方が、思考や記憶においては、勝ると述べている。発達段階や健康面
を考慮する必要もある。AIを使いこなせるだけの思考力や判断力を身につけていくことがさ
らに必要となってきている。そうすると、乳幼児期・小学校期、とりわけ、乳幼児期・小学校
低学年・中学年期の絵本や物語は紙の本でじっくり読むことで、思考力や想像力を養っていく
ことが重要になってくる。

　紙の本と電子書籍と時と場合によって使い分ければよいと言われるが、紙の本での十分な体
験があるからこそ使い分ける力が育つ。「使い分ければよい」「使い分けができる」というのは、
紙で育ってきた経験があるからこそ言えることであり、できることである。

　この紙の経験を読み物としての読書で、乳幼児期や小学校低学年・中学年期では十分に経験
させたい。紙の本で、本を読み味わう、本を読み深めるという体験をしっかり味わわせるとい

うことだ。

　資料情報を活用する学習活動では、データベースの百科事典や新聞、電子書籍の図鑑がどんどん使いやすくなっている。Webサイトなども含め有効なデジタル情報を使っていくことで、学習の幅が広がっていく。子どもたちの何を成長させていくのか、しっかりとした見通しや、使い分けることへの大人、教員の認識が極めて重要になってくる。**（2-3「多様な情報源を」参照）**

　中学年からは、新聞のデータベースや百科事典のデータベースを活用していく機会が多くなると考えられる。その場合も、まず紙媒体で全体構成等を確認する指導が基本である。中学校では、電子書籍などの活用も視野に入れていくが、まずは、データベースを媒体で利用していくとよいだろう。端末でデータベースを活用しての百科事典利用は、所蔵するセット数が少ないとしたら、効果的である。データベース活用後は、専門書でどう深めていくのか、学校図書館でその分野の専門書を活用したい。

マルチメディアデイジー図書

　一方、多様な文化をもった子どもたちや特別に支援を要する子どもたちには、デジタルが大きな力を発揮する。そこには、「マルチメディアデイジー図書」活用など合理的な配慮を積極的にしなければならない。デイジーとはDigital Accessible Information Systemの略でアクセシブルな情報システムと訳されている。音声と文字、画像を同時に再生できるデジタル録音図書である。音声での読み上げの速度、音量、文字の大きさ、色、行間、縦書きと横書き等、変更することができる。学校図書館での所有や公共図書館からの貸出で必要な児童生徒に提供することが求められている。

　1974年に設立された伊藤忠記念財団（2012年から公益財団法人）は社会貢献事業の一つとして、「電子図書普及事業」の活動を行っている。絵本や児童書の作品をマルチメディアデイジーに編集し、「わいわい文庫」と名づけ、学校や公共図書館に寄贈している。現在、多くの学校が活用している。これから必要とする学校は、利用するとよいであろう。

　「わいわい文庫」は特別支援を要する子どものためと読むことが苦手な子どものための2種類に分けられているので、用途は幅広い。

＊公益財団法人伊藤忠記念財団　https://www.itc-zaidan.or.jp/

※脳科学者・認知科学者の意見

　紙の方が読み取り、考える力、記憶力等の発達において勝る。紙で読むと、より記憶に残りやすく深くまで洞察する力が身につく。デジタルでは脳がスクリーン効果により掘り下げ理解しないため記憶に残りづらく、深く洞察できず集中力も妨げられる。斜め読み飛ばし読みがあ

たりまえになり、文章の細部まで読み取る能力が低下する。

○『チョムスキーと言語脳科学』

酒井邦嘉／著（東京大学大学院教授・言語神経科）集英社インターナショナル　2019
〈内容紹介〉紙の本が脳を創る。自分の頭で考えることを疎んじる世の中になれば、人は人間でなくなってしまう。

○『オンライン脳』

川島隆太／著（東北大学加齢医学研究所所長）アスコム　2022
〈内容紹介〉スマホの過度の使用は学力を低下させる。子どもの脳の発達そのものを阻害し、器質的な変化を生じさせる。子どもだけでなく大人の脳にも深刻な影響を及ぼしている。

○『スマホ脳』

アンデシュ・ハンセン／著（スウェーデン・精神科医）久山葉子／訳　新潮社　2020
〈内容紹介〉SNSはむしろ人を孤独にさせる。特に子どものスマホ利用は自制心の発達に悪影響をもたらす。睡眠時間を増やし運動をして、スマホ利用時間を制限すべきだ。それが集中力を高め心の不調を予防する方法である。IT企業のトップたち、スティーブ・ジョブズは、10代のわが子にはiPadの使用時間を厳しく制限、ビル・ゲイツは14歳になるまでスマホを持たせなかった。

○『プルーストとイカ～読書は脳をどのように変えるのか？』

メアリアン・ウルフ／著（カルフォルニア大学・発達心理学）小松淳子／訳　インターシフト　2008

○『デジタルで読む脳×紙の本で読む脳：「深い読み」ができるバイリテラシー脳を育てる』

メアリアン・ウルフ／著（カルフォルニア大学・発達心理学）大田直子／訳　インターシフト　2020

〈内容紹介〉『プルーストとイカ～読書は脳をどのように変えるのか？』では、人間の読字力獲得の発達と脳の変化の歴史、子どもの脳内に読字回路が育っていく過程、ディスクレシアについて説明。『デジタルで読む脳×紙の本で読む脳』では、紙の本が、創造力、共感力、記憶力、分析力等を高めるのはなぜか。子どもの発達への紙の本の大切な役割と深い読みを得るための大人の関わり方を示唆。そのうえで、今後は紙の本とデジタルの両方を活用できるバイリテラシー脳を育てよう。

○『ペーパーレス時代の紙の価値を知る：読み書きメディアの認知科学』

柴田博仁／著（群馬大学社会情報学部教授）大村賢悟／著（専門 認知心理学）産業能率大学出版部　2018
〈内容紹介〉紙がなぜ疲れにくく、読みやすいと感じるのか、なぜ頭に入りやすいと感じるのか、その理由を科学的に分析。デジタルの活用が思考モードを変える。検索が容易だと他の人の意見を検索することで問題解決しようとし、じっくり考える子どもは育たない。読字力は意識的に鍛えないと育たないので、子ども期の紙の読書体験は必須である。子ども期は読みの阻害が少ない紙の本での読書を基本とし、デジタル機器は必要に応じて補助的に利用すべき。

3-2　発達段階を考えて取り組もう

**端末は使えば使うほど、効果が上がるわけではない。
使い方にも発達段階を意識していくことが必要である。**

「PISA（OECD が進める国際的な学習到達度に関する調査）2012　調査データ」による
2015 年発行の報告書では、学校における端末活用の時間の長さと成績の結果の関係が示されて
いる。

学校で端末を全く使わないよりは、適度に使用した生徒の方が成績はよいが、端末を使う時間が
長くなるほど、紙で回答（OECD29 カ国・グレー線）しても、端末で回答（OECD20 カ国・青
線）しても、学力は下がっていることが示されている。

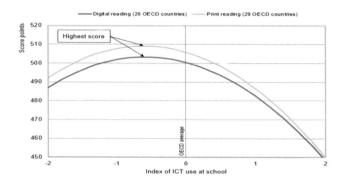

OECD/PISA. Students,
Computers and Learning:
Making the Connection. Paris:
OECD, 2015, p.153.

つまり、端末の使用時間が長いと、学力は下がるということである。端末の利用が最優先ではな
く、発達段階を考えながら効果的な使い方が必要だということである。

発達段階、使用時間を考慮する

端末は各教科の時間で活用されている。活用はさらに進んでいくであろう。各教科での使用時間
を合わせるとかなりの時間を使い、活用していくことになる。

だからこそ、読み物としての読書では、発達段階や健康面への影響も考慮しながら、端末を使
用せずにすむ紙の本での読書を大切にしていきたいものである。また、小学校期では紙と鉛筆を
使っての学習体験も大切にしていきたい。

下記のグラフのように、発達段階を十分考慮しながら、使用段階を意識していきたい。

	小学校１・２年	小学校３・４年	小学校５・６年	中学校	高等学校
紙の本で読む・調べる					
端末で読む・調べる					

3-3　大いに生かそう学校図書館の場・蔵書

学校図書館には、今までに蓄積された多くの蔵書がある。
その蔵書と場をどのように生かしていくのか考えていきたい。

　学校図書館の資料情報は多様だが、学校図書館で蔵書を眺めるだけでも、さまざまな本が存在していることが認識できる。それらをすべて分類して体系的に整理されていることを認識していくことが、情報整理能力にもつながっていく。

　また、学校図書館の蔵書を意識することで、端末からの情報がすべてではないという認識もできていくことであろう。

　今までは比較的、学校図書館は読書センターの機能を中心に活動してきた。今後は学習センター・情報センターの場として活用していくことがより求められている。そのため、学級数が多い学校では、読書する場所としての授業時間での利用は今までのようにいかないかもしれないが、読書は場所を選ばない。当然のことであるが、学校図書館の蔵書を活用しながら、読書する場は学校図書館に限ることなく、学校全体に広げていく。いつでも、どこでも読書に取り組んでいけるようにしていく。そのことが、読書習慣を身につけることにも通じていく。

背表紙を眺めてみよう

　学校図書館の場では、類に分けられている書棚を漠然と眺めるだけでなく、背表紙を読みながら本を眺めてみることを教える。例えば、

- ・背表紙に『コロッケ探偵団2　十三屋敷の呪い　那須正幹・作　西村郁雄・絵　小峰書店』とある本では、探偵のお話なんだな、シリーズ物ででているのか、1があり3もあるのかな、絵は西村さんという人が描いたんだな、隣に那須正幹さんのズッコケシリーズが並んでいるぞ、などと考えていける。
- ・『「空気」を読んでも従わない：生き苦しさからラクになる　鴻上尚史　岩波ジュニア新書893』では、空気を読んでも従わなくするためにはどうしたらいいのか、生き苦しさから抜け出せるのならいいなあ、ジュニア向けの893番目の出版の本ということ？　近くに並んでいる897は『答えは本の中に隠れている』で、岩波ジュニア新書編集部編だ。答えは本の中に隠れている？　何の答え、どんな答えなんだろう等と広がっていく。

　背表紙から想像したら、次は表紙から考えてみるとよいだろう。

場を生かして事典・辞典類に親しむ

　学校図書館の場で書棚を見渡してみると、さまざまな事典・辞典類があることに目がいくだろう。事典・辞典類は、紙だからこそ手に取って触れて、興味深いものとして、何冊か比べる

よさがあったり、読み物のようにも読んでいけたりすることもある。

　　国語辞典・類語辞典・ことわざ辞典・方言辞典・古語辞典・数え方辞典・反対語辞典

　　歴史事典・食品事典・歳時記・人物辞典・漢字辞典・地名辞典・デジタル用語辞典　など
目的に応じて、選択する力や使う習慣もついていくだろう。

　一方で、オンライン事典・辞典等は調べたい時には、すぐ検索でき、調べられるよさがある。

科学の本へも関心拡大

　次代を担う青少年の「科学技術離れ」「理科離れ」も指摘されている。日本の子どもの科学の本は世界のトップレベルだと言われている。科学への関心を持たせ、科学技術に親しむ機会を充実することも、子どもたちへの未来にとって大切なことである。科学的見地から情報の古い本は除籍し、蔵書は常に更新していきたいものである。

　そして、今、課題となっている STEAM 教育は、科学（Science）、技術（Technology）、工学（Engineering）、芸術・リベラルアーツ（Arts）、数学（Mathematics）の５つの領域を横断する学びである。全部の書を見渡せる学校図書館の場がまずは第一歩となる。

　科学技術週間（4.17 ～ 4.23）が 1960 年以来毎年設定をされている。連携の取り組みも考えていけるであろう。

＊国立国会図書館国際子ども図書館では、学校図書館向けサービスとして、中学校向の科学の本のセット貸出を実施している。　　　　　　　　https://www.kodomo.go.jp/promote/activity/rent/index.html

＊「科学道 100 冊」理化学研究所・編集工学研究所
　2017 年以来、毎年、科学の本 100 冊を紹介。ホームページからダウンロードできる。
　中高校生向け版とジュニア版がある。アクセスすると、科学の本の表紙・簡単な内容紹介があり、関心が広がるであろう。　　　　　　　　　　　　　　　　　　　　https://kagakudo100.jp/about

ブックガイドも見てみよう

　「こんな本もあるよ」と本の紹介をした本・「ブックガイド」がある。ブックガイドを見て、読んでみたい本を探すこともできるだろう。

　　例　『ひとりでよめたよ！幼年文学おすすめブックガイド２００』　大阪国際児童文学振興財
　　　　団 / 編　評論社　2019
　　　　『つぎ、なにをよむ？３・４年生』　秋山朋恵 / 編　偕成社　2012
　　　　『明日の平和をさがす本：戦争と平和を考える絵本から YA まで 300』　宇野和美、さ
　　　　くまゆみこ、土居安子、西山利佳、野上暁 / 編著　岩崎書店　2016
　　　　『障害とバリアフリー　いっしょに生きる　子どもブックガイド』　障害と本の研究会 /
　　　　編著　かもがわ出版　2022
　　　　『新・どの本よもうかな？　中学生版　海外編』日本子どもの本研究会 / 編　金の星社　2014

『青春の本棚：中高生に寄り添うブックガイド』　高見京子／編著　全国学校図書館協議会　2020　など

本のリストやおすすめの本リストは端末上で紹介

現在所有している学校図書館の蔵書は十分に活用していく。小学校では、特に低学年・中学年では読み物としては、紙の本を読む経験を大切にし、読む力や読書習慣をつけてさせていく。その場合でも、おすすめの本リスト・課題図書リストなどを端末の資料箱等に掲載をしておけば、いつでも閲覧ができ、次に読む本などへの示唆や刺激になる。請求記号や表紙画像などもいっしょにリスト化しておけば、もっとわかりやすいリストになるであろう。そのリストを見て、実際に学校図書館に来て、本を手に取るようになっていくように働きかけていく。

パスファインダーの活用

さまざまなテーマのパスファインダーが提供されているが、文学的なテーマの提供も考えていく。端末に置いておくことでいつでも使用できる。Web サイト情報もクリックでつながる。
　（例）太宰治・宮沢賢治・夏目漱石・椋鳩十・岡田淳・富安陽子　など

（2- 4 「パスファインダーも端末での活用を」参照 ）

公衆送信（著作権法第 35 条第 2 項）・データベースの活用 + 学校図書館の蔵書

授業で同じ本を人数分用意することは大変であるが、著作権法第 35 条第 2 項を利用することで、端末上に資料を送信することができる。使用するためには SARTAS（サートラス 一般社団法人授業目的公衆送信補償金等管理協会）に補償金を支払う必要がある。ほとんどの教育委員会はまとめて支払っている現状があるので、使用するかどうかにかかわらず該当するかどうかを確かめておくとよいであろう。

その権利を行使して本の情報は小学 1 年生からでも配信できることになる。その場合でも、その学習内容に関する類書や発展読書に関しては、保有している学校図書館の蔵書を積極的に活用していくことが大切である。（第 4 章 「学校図書館と著作権」 参照）
（例）1 年生が国語科単元「じどうしゃくらべ」で図鑑の見方を学んだ時、図鑑の必要なページを各自の端末に配信。電子黒板等の大きな画面で示されたところを各自の画面で確認しながら、何がどこに書かれているか、小見出しの見方・読み取り方等を学ぶ。次に、同じように配信した別々の 3 冊の図鑑から好きな図鑑を選び、情報の得方をさらに習得。その後は、多数準備された紙版の図鑑類で学びを発展させた取り組みもある。

3-4　大切にしよう入学期！

小学校・中学校、ともに新鮮な気持ちで入学を迎えるこの時期は読書への黄金期とも呼ばれる。特に取り組みを重視していきたい。

小学校入学時には、すでに語彙力の差

　コロナ禍前に、小学校入学時には、2,000～7,000語の獲得語彙の格差があると言われていた。コロナ禍での家庭でのさまざまな過ごし方の差異で、さらに格差は拡大したと思われる。この差は縮まらず学年が上がるにつれ拡大の傾向にある。中央教育審議会答申（2016）でも、「小学校低学年の学力差の大きな背景に語彙の量と質の違いがある……小学校低学年で表れた学力差が、その後の学力差の拡大に大きく影響している」と報告され、語彙数と語彙力獲得への努力に言及している。

　この差は乳幼児期の読み聞かせや言葉かけによる影響が大きい。読み聞かせで獲得した語彙が読むことを容易にし、言葉と言葉をつなげ想像力を広げていくのを助け、読む意欲につながっていく。

　小学校でも中学校でも入学時の働きかけが極めて重要と言われている。特に小学校入学時の働きかけを重視していきたい。

学校でも、担任の先生が、毎日読み聞かせしてくれるよ。
みんなで聞くと楽しい、仲間って感じるよ。

「もう1年生だから自分で読めるでしょう」とお母さんは言うけれど、お母さんやお父さんにも読んでもらいたいな。
自分でも読むけど、読んでもらうと、いっしょの時間がうれしい。
大事にされてるなって思うよ。

学校では、就学時検診の時や入学説明会の時などを利用して、保護者に読みきかせの大切さや入学後も読み聞かせを継続する大切さを伝えていく。
読んでもらうと自分で読むより難しい内容でも理解できていくことなども伝えていくことが必要である。

オリエンテーション （2-2「オリエンテーション」参照）

＊全国学校図書館協議会ホームページ　学校図書館サポートのページ
https://www.j-sla.or.jp/sl-support/

入学期小学校オリエンテーションのポイント

　小学校入学時のオリエンテーションは、学校図書館の場の説明・利用のしかたから教え、"学校図書館をいっぱい利用してね""本をいっぱい読もうね"ということから始める。

入学期中学校オリエンテーションのポイント

　中学生として自分をどう育てていくのか、読書を自分の中にどう取り入れていくのかということを、新たな気持ちでいっぱいの中学校入学時を大切にして考えさせていきたい。利用指導のことだけでなく、読書と自分がどう向き合うかを、学年当初というより、中学生になって初めてのオリエンテーションの中に組み入れていき、内容を考えていく。

　入学期は、例えば、クラスごと週1回、順番に、朝の会を学校図書館で行うこと等も考えていく。本を探し借りる時間としていくと本や学校図書館が身近になっていく。

学級担任の読み聞かせ

　入学時には、それまで本を読んでもらってきたかどうかで、獲得語彙数だけでなく、本を楽しむ感じ方にも大きな差がある。また、文字を自分で読んで本の内容を理解するより、読んでもらった方が内容の高度な本も楽しめる。そのため、毎日の読み聞かせが、とても効果的である。低学年時は、学級担任によるほぼ毎日の読み聞かせを大事にしていくとともに、短くてよいので各自の読む時間も、ほぼ毎日確保をしていく。教員が毎日読み聞かせができるように、本や本の情報の提供を学校図書館が支援していくことが必要である。

心にゆとりを…継続しよう読み聞かせ

　読み聞かせは、小学校低学年の絵本とは限らない。高学年、中学生・高校生でも絵本の読み聞かせを、その年齢に応じて、絵と内容を教員の声で楽しんでいける。読み聞かせのある学級にはゆとりも生じてくる。学級で何か課題が生じた時でも、本の読み聞かせを通して、児童生徒に教員の思いを伝えることもできる。

学年が上がるにつれ長編の読み聞かせをしよう

　長編の物語は、背景や登場人物の状況等多くの情報を自分の思考力で整理して、想像力を働かせながら読んでいくことで、楽しさが感じられる。そういうことが苦手だと、「文字が読めても本が読めない」ことになってしまう。読んでもらう言葉を耳で聞きながら想像力を広げ物語を楽しんでいける物語の読み聞かせは、絵本から、幼年童話、文学への移行に大きな力を発揮する。

　長編の読み聞かせを行っている学級の子どもたちは、長編を読む傾向が高いと言われている。伝記、科学読み物、ノンフィクションなどさまざまな読書材で読み聞かせを行っていくことができる。

全校で取り組もう読書指導

　学校図書館、司書教諭や学校司書から働きかけ、全校で読書指導に取り組むことが大切である。例えば、職員室に読み聞かせ用の本を置くコーナーを設置したり、校長先生が読み聞かせを行ったりすることも効果がある。そして、国語科だけでなく全教科で読書指導に取り組む。各教科で単元に関連のある本の情報を仕入れ、児童生徒に紹介すると興味をもち学習の内容も広がる。読み聞かせや本の紹介は、特別なことではなく、日常的にあらゆる機会に取り組むことで、読書指導が定着化していく。

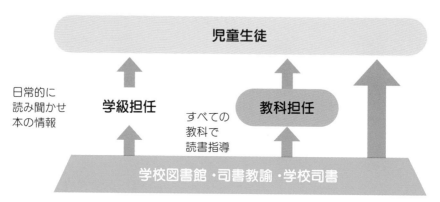

職員室に読み聞かせ用本コーナーを作ろう！
校長先生も読み聞かせをしよう！
教科担任は、各教科で関連のある本の情報を常に仕入れ、児童生徒に紹介しよう！
読み聞かせや本の紹介は、特別なこととしないで、日常的に取り組んでいこう！

全校で取り組もう読書指導

3-5 読書を積み重ね、発信する（1）

　読書を個人の中に留めるのでなく、共有し合おうとすることで、より深く読み、考え、伝える表現を工夫する。

　そして、感想や意見を話し合う中で共感したり世界が広がったりしていく。

読書をし、思いや考えを伝え合おう（学習指導要領）

　前回の国語科の学習指導要領では、全学年「〜読書をする態度を養う」と示されていたが、現行の学習指導要領では、全学年「〜読書をし、……思いや考えを伝え合おうとする態度を養う」となっている。読書を共有し合おう、主体的に深く学び合おうということである。

 インプットしたら

 アウトプットを！

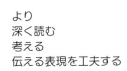
より
深く読む
考える
伝える表現を工夫する

＊幼稚園

　日常生活に必要な言葉が分かるようになるとともに，絵本や物語などに親しみ，言葉に対する感覚を豊かにし，先生や友達と心を通わせる。

＊小学校1・2学年

　言葉がもつよさを感じるとともに，楽しんで読書をし，国語を大切にして，思いや考えを伝え合おうとする態度を養う。

＊小学校3・4学年

　言葉がもつよさに気付くとともに，幅広く読書をし，国語を大切にして，思いや考えを伝え合おうとする態度を養う。

＊小学校5・6学年

　言葉がもつよさを認識するとともに，進んで読書をし，国語の大切さを自覚して，思いや考えを伝え合おうとする態度を養う。

＊中学校1学年

　言葉がもつ価値に気付くとともに，進んで読書をし，我が国の言語文化を大切にして，思いや考えを伝え合おうとする態度を養う。

＊中学校2学年

言葉がもつ価値を認識するとともに，読書を生活に役立て，我が国の言語文化を大切にして，思いや考えを伝え合おうとする態度を養う。

＊中学校３学年

言葉がもつ価値を認識するとともに，読書を通して自己を向上させ，我が国の言語文化に関わり，思いや考えを伝え合おうとする態度を養う。

読書は個人的なものととらえられがちであるが、伝えようとすることで、より深く読んでいくことになる。読んで理解したことや考えたことや感想等を友だちに話したり、読んで考えた感想を文章に書いたり、絵やポップなどで伝えたり、紙芝居、ペープサート、劇化など伝え方もいろいろ工夫できる。

まず本に書かれている内容と対話をしていく。作者や筆者と対話する。自分が登場人物になった気持ちで読み取っていったり、作者はこの作品を通して読者に何を伝えたかったのだろうと考えていったりすることで、作品を読む楽しさは広がり、テーマを考えることでもっと作品の中に入り込める。

次に、友だちと対話する、だれかに伝えようとすることで、さらに、いろいろ考える。どうすれば、自分の思いが伝わるか表現のしかたも工夫する。友だちとの対話を通じ、相手が言いたいことをしっかり受け止めていく、「同じだ」「気がつかなかった」等、感想や思いの違いが作品の広がりや深さを共有していくことになる。

そして、もう一度、自分と対話をしていくことで、さらに、豊かな読みや考えになっていくであろう。共有し合うことで、より読書が楽しくなる、

ゲームやユーチューブも楽しいけど本はいろいろ想像できて楽しいよ。もっと楽しいのは、その本のことをだれかと話したりすることだよ。「うん、そうそう」「え〜、気がつかなかった」など、読む楽しさがもっと増えるよ！

3-6　読書を積み重ね、発信する（2）

従来の読書指導に加え、主体的・対話的に深く学び合う読書活動にしていく。
そこで、1人1台端末が交流の道具として活躍する。

読書イベント

さまざまな読書イベントで本への関心を高める。

読書月間・読書旬間・読書週間などで、読み聞かせ、ワークショップ、コンテスト、講演会
など、子どもたちの実態に応じて、豊かなアイデアでイベントを作っていく。

　　読書ビンゴ・しおりコンテスト・読書標語コンテスト・ポップコンテスト

　　読書ゆうびん・図書委員会による朗読、読み聞かせ・読書の福袋・読み薬　　など

これらも、従来の取り組みに加えて、端末を効果的に使っていくことも考えていく。コンテ
ストの作品を端末で提示して投票する。手元でだれでもすぐに見られて、すぐに集計できるよ
さがある。

また、コンテストの作品は端末に掲載しても、投票はあえて端末を使用せず学校図書館の投
票箱へとすることで、端末で関心を高め、投票のため学校図書館に足を運ぶという取り組みに
していくなど工夫もできる。

本の紹介

各自が1冊おすすめの本を紹介する活動は、これまでも行われてきた。発表しても、交流
の時間が確保できない時には、おすすめの本カードに記入して掲示する。掲示されたものを読
んだ児童生徒がコメントを大きめの付箋に記入して貼っていくなどの工夫等を実施してきた。

端末を活用すれば、掲示と同じように表紙とともにおすすめの本を紹介できるだけでなく、
動画も取り入れることができる。臨場感をもって紹介できるし、一定の期間、いつでも視聴で
きるよさもある。録画をすることによって、表現力を高める努力・向上も望める。自分のクラ
スだけでなく学年間の交流ができる。

また、○年生へということで下級生への紹介もできるし、兄弟学級の取り組みにも活用できる。

ブックトーク

1冊の本だけでなく、テーマに関連する複数の本を紹介するブックトークを学年によっては、
授業で取り組むことがある。その場合も一定期間、動画で保存しておき、いつでも視聴できる
ことによって、本の豊かな情報がより伝わるであろう。また、他のクラスのブックトークを視
聴することで、本の幅も広がっていく。端末の活用にかかわらず、紹介された本は、展示等で
いつでも手に取れるように工夫をしたい。

また、学校司書が、必要なテーマでブックトークを動画で撮りためていくことでブックトークの蓄積ができる。いつでも視聴できるものと、授業で使用するものはその時のみの提示と区別していくことで、学校司書のブックトークの幅が広がるであろう。

ビブリオバトル

バトラーと呼ばれる発表者がおすすめの本の魅力を伝えることで、参加者が読みたい本を多数決で決めるというゲーム性をもった読書交流会。5分間の本の紹介スピーチ後、2分間の質問タイムがある。大学生を中心に始まった取り組みなので、小学校中学校では発達段階に応じた配慮も必要である。「バトル」と言わず、グループなどの発表も可能とした「ビブリオトーク」という形での取り組みもある。

端末を使用すると、対面で行わなくても実施できるよさがある。全校でも、学年でも、他校とも取り組みができていくことになり、読書交流の場が広がっていく。

アニマシオン

児童生徒が本好きになるための読書の指導法の一つ。みんなで考えたり話し合ったりしながら、本を楽しんでいく活動である。さまざまな活動のスタイルがある。

端末を活用することで、さらに主体的に取り組め楽しめる活動スタイルもある。

例えば、「次はどうなるか考えてみよう」といった場合、今までは口頭での発表や紙に書いての発表であったが、端末では、各自が、あるいはグループが回答を送信する。そうすると、電子黒板に全員分が一斉に映し出される。〝あっ同じだ〟〝考えもしなかった〟などの反応がすぐにあり、口頭での発表を順番にやっていた時より、時間の関係で数人しかできなかった時より、ずっと楽しめる。「題名を考えてみよう」「登場人物のセリフを考えてみよう」など、端末を活用して、児童生徒みんなでいっしょに楽しめる。ともに楽しみながら想像力、創造力、思考力等を伸ばしていけるであろう。

読書会

話し合うことで、感動の体験を共有したり、一人の読みでは発見することができなかった感動や思いに触れたりすることでき、さらに自分の読みを深め、広げることができる場になっていく。また、進んで話したり共感的に聞いたりする力を高めることができる。

子どもたちは交流し合うことで、より読書が楽しいと感じることが多い。主体的対話的で深い学びにつながる読書活動としても、これから重要視したい活動である。

ペアで読書会、リレー読書後読書会、立ち止まり読書会、リテラチャーサークルなど、さまざまな読書会のスタイルがある。

リレー読書は、感想を端末に書き込んで本だけを回していくことも、リレーの後の読書会終

了後、読書ボードを合同で端末上に作成することもできる。

　さらに、学級おすすめの課題本を複数冊決めておいて、読んだら、感想や心に残った文章を端末に書き込んでいって、クラス全体の読書ボードを作成することもできる。この場合は、期間は、半年、あるいは1年と全員が参加することをめざしてもよいだろう。

読書感想文

　読書感想文は、本を読み込み、感動したことや考えたことを伝えるもので、文章を書く行為としてはたいへん高度なものである。そこにはきちんとした指導が必要である。

　原稿用紙にいきなり書くのではなく、読書感想文メモカードやワークシートなどを用いて、段階を追って書かせていく。その時に端末に読書感想文メモカードやワークシート等を資料箱に入れておくと、いつでも利用できることになる。

　また、最後に重要なのは推敲することである。今まで推敲は手書きで書き直し等を行っていたため大変労力を要していたが、端末の活用で、とても推敲しやすくなる。

コラム【体験で読書を深めよう】

実際に体験できる読書指導も大切にしていこう。

紙芝居づくり・絵巻物づくり・地図づくり
パネルシアター・ペープサート・劇ごっこ
リーフレットづくり・本の帯づくり　等

本の中から得た知識をもとに、身近な体験活動も大切にしていこう。

科学実験・工作・お菓子づくり・料理づくり
植物の栽培・生き物の飼育・押し花づくり
染物体験・折り紙　　等

3-7　自立した読み手を育てることは自立した心を育てる

読む力は生きる力になる。その力を獲得でき、使いこなせるための自立した子どもを育てよう。そのことは、精神をも自立できる子どもたちを育てることになる。

自立した読み手を育てる

　中央教育審議会答申（2016）では、「 子供たちの読書活動についても、量的には改善傾向にあるものの、受け身の読書体験にとどまっており、著者の考えや情報を読み解きながら自分の考えを形成していくという、能動的な読書になっていないとの指摘もある。……文章で表された情報を的確に理解し、自分の考えの形成に生かしていけるようにすることは喫緊の課題である。」「読書は、多くの語彙や多様な表現を通して様々な世界に触れ、これを疑似的に体験したり知識を獲得したりして、新たな考え方に出会うことを可能にする。このため、言語能力を向上させる重要な活動の一つとして、各学校段階において、読書活動の充実を図っていくことが必要である。」と明記されている。これを受けて、国語科の現行の学習指導要領、国語科の読書の目標は、小学校5・6学年では「日常的に読書に親しみ，読書が，自分の考えを広げることに役立つことに気付くこと。」、中学校3学年では、「自分の生き方や社会との関わり方を支える読書の意義と効用について理解すること。」とある。

　読むことでは、小学校5・6学年「文章を読んで理解したことに基づいて，自分の考えをまとめること。」とあり、中学校3学年では「文章を読んで考えを広げたり深めたりして，人間，社会，自然などについて，自分の意見をもつこと。」とある。

　主体的に読み、自己の成長や形成に生かしていけるような読書ができるように、読書指導を積み重ねていく必要がある。

自立した心・精神を育てるためにも 自立した読み手を育てたい

- ・自分に適した読む本を選べる
- ・読むことを楽しめる
- ・さまざまなジャンルが読める
- ・本を読む時間をつくることができる
- ・読んだ内容に感想・意見がもてる
- ・長編をも読み通せる
- ・目的に応じた読みができる
- ・自分がおすすめに値すると思えた本を紹介できる
- ・本をもとに他者と交流ができる
- ・読むことの意義を自覚し、自分の成長に生かせる

自立した心・精神を育てる

自分に適した読みたい本を見つける

　自分が読みたい本が見つけられる、自分に適した本を探せるということにも、丁寧な読書指導の積み重ねが必要である。

本全体から内容を想像する

- ・題名と作者
- ・表紙の絵…題名と絵を合わせながら、内容を想像してみる
- ・目次…作品の骨組みがわかる

図鑑等では目次・索引指導は行われる。物語でも、目次指導を丁寧に行おう。目次で本の内容や展開が見えてくる。興味関心が持てそうか検討できる

- ・前書き・後書き…作者や訳者の考えがわかる
- ・奥付…出版年・刷・版

どれだけ読み継がれてきたかわかる

- ・「集」…厚い本でもいくつかのお話が入っていて、一つのお話を読むだけでもいいことがわかる

　　（例）　グリム童話集・宮沢賢治童話集・新美南吉童話集
　　　　　くまの子ウーフの童話集・アンデルセン童話集　など

※絵本から幼年童話への移行期に本の厚さに気後れしないように『くまの子ウーフの童話集』などで、1つのお話だけでも読んでいいことを教えると童話の世界に入りやすくなる。

お試し読書、味見読書、バイキング読書とも呼ばれる方法で読みたい本を探す

読みたい本をみつけよう！
お試し読書
（味見読書・バイキング読書）

- ・いろいろなジャンルを入れて実施
- ・テーマを決めて実施
- ・新書を読もう！新書で実施
- ・文庫を読もう！岩波少年文庫で実施

　本を1冊あたりの時間を区切って味見する。グループで本を回し、一人数冊味見する。
味見後で、興味関心が広がった本について話し合うこともできる。
その後、選んだ本を丁寧に読んでいく。

心のアルバム・読書記録を書こう

　読書の足あとを記録する、読み終わったら読書の記録を残すことを習慣化していく。どの学年でも読書記録を書いていくことが自分の読書への励みになっていく。日々記録するので、負担を感じない簡単なもので、発達段階に応じた記録ノートであることが大切である。

　いつでも読みかけの本と記録ノートをいっしょに持っているとよい。端末に記入していく方法もある。

　学校図書館の貸出記録は、借り手の読書記録とは一致しない。学級文庫、公共図書館、友だちから借りる、自分で購入する、さまざまな形で本を読んでいる。だからこそ、読書記録をつけて、自分の読書を認識していく必要がある。自分の心のアルバムにもなる。

　書きつづることは、書くことやメモを取ることへの習慣づけにもなり、別の付加価値も生み出すであろう。

"これから読んでみたい本" 記録も書いてみよう

　1冊読み終わったら、次の本を探すという方法ばかりではなく、読む本を探している時に気になった本をメモしていき、読みたい本を記録でストックしていく。本の表紙の写真を撮り、メモ代わりにしていくこともできる。

　その時の気持ちを思い出したり、次にこれを読もうという意欲づけになったり、次に読む本にすぐとりかかれたりするよさもある。

　でも、読んでいるうちに、さらにそのテーマ、作家を深めていきたいという気持ちになることもあるだろう。その時は、その気持ちを優先して読んでいけばよい。

> ぼくは、この朝自習の読書タイムで読書が大すきになったよ。毎日あって嬉しかった！

読む時間の確保

　学校全体で読書の時間を確保していこう。例えば、「朝の時間」は、学校全体で読書時間を確保するには、大変適している。毎日確保できればよいが、少なくとも週に2、3回は確保したい。そして、少なくても読書月間、読書週間には毎日確保したい。この朝の読書タイムが確保されるだけでも、読書に向き合う姿勢や習慣が身についていく。

　児童生徒個々では、隙間の時間を活用していけるようにしていく。ブックバッグと称する手提げに、いつでも読みかけの本と記録ノートを入れておいて、隙間の時間があれば、さっと読む習慣をつけていこう。端末のタイピング練習などもあるかもしれないが、読む大切さを自覚し、読む時間の保障をしていこう。

3-8 公共図書館等とつなごう

1人1台端末で公共図書館とつながりやすくなった。

公共図書館のホームページを検索

端末で地域の公共図書館のホームページの検索のしかたを教えよう。

公共図書館の書籍検索だけでなく、おすすめの本や行事の取り組み予定もわかる。公共図書館と子どもたちを結びつけていきたい。卒業後の公共図書館利用にもつながっていく。

地域の公共図書館だけでなく、たくさんの情報をもつ図書館のホームページの情報も伝えていく。

＊国立国会図書館国際子ども図書館　https://www.kodomo.go.jp/

＊東京都立図書館　都立多摩図書館…児童・青少年資料サービスが特徴
　https://www.library.metro.tokyo.lg.jp/guide/tama_library/index.html

＊一般財団法人大阪国際児童文学振興財団　http://www.iiclo.or.jp/　など

郷土の地域資料は、紙の資料としては少ないが、デジタルアーカイブが作成されていることも多い。地域に資料館があれば資料館が保管している。その場合は、資料館と連携する。

また、全国には博物館が5,738館（2018年10月現在）ある。

必要な文学者・文学館等との資料も提供していくとよいだろう。

＊**文化庁　博物館総合サイト**

　　登録博物館一覧¦文化庁 博物館総合サイト

　　https://museum.bunka.go.jp/guide/

＊**文学館・記念館一覧**

　　文学館リンク／全国の文学館・美術館のリンク

　　http://www.kosho.ne.jp/~morii/bungkukan.htm

　　会員館一覧¦全国文学館協議会

　　https://zenbunkyo.com/members

3-9 生きる力のための読書指導を学校ぐるみで実施しよう

　読書は、学習の基礎にもなり、生きる力になる。読書力には大きな差があっても、日常では読めないことへの自覚がなかったり問題にならなかったりしがちである。幼いころから、テレビ、パソコン、スマホが身近にあり、子どもたちは読書以外の魅力、テレビゲームや動画・ユーチューブ視聴の中で育ってきている。しかし、入学後は、絵本の魅力から始まり本の魅力に気づかせ、日々読むのがあたりまえの学校生活を築いていきたい。中学年では幅広い読書の世界を、高学年では質をも考えた読書生活を、そして、それを中学生活につなげたい。作品を読むことは広い世界への扉である。読書指導は、子どもが広い世界へ踏み出すために必要な希望と勇気を与えていくための根気強い指導である。

　今、人間が大切に育んできた文化が AI の進化により大きく変化しつつある。これからは、AI の進化を取り入れながらも、常に未来を生きる子どもたちにとって何が大切なのかを長い目で見つめ、考えていきたいものである。

　ところが、残念なことに先生が読書を勧めていない実態がある。子どもたちの読書は、生きるための力である。そのことを全教職員は自覚して読書を勧めなければならない。いちばん身近な存在の教員が読書をよく勧めれば、子どもたちの読書はもっと進むであろう。伸びる余地が大きいということである。

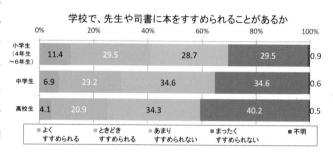

学校で、先生や司書に本をすすめられることがあるか

	よく すすめられる	ときどき すすめられる	あまり すすめられない	まったく すすめられない	不明
小学生（4年生〜6年生）	11.4	29.5	28.7	29.5	0.9
中学生	6.9	23.2	34.6	34.6	0.6
高校生	4.1	20.9	34.3	40.2	0.5

第 65 回学校読書調査
（全国学校図書館協議会・毎日新聞社）

　司書教諭や学校司書はもっと教職員へ働きかけをし、読み聞かせの本や紹介するための本の情報支援を行う必要がある。

　そして、職員室の教員の会話にも、本のことが常に話題になるようにしていく。教員自身が楽しんで読書に、読書指導に取り組んでいってほしい。

● 『読む力は生きる力』

　「わたしたちがしなくてはならないのは、そもそも子どもに本を読んでほしいのはなぜなのかを考えながら、ほんとうに読んでほしい本を見きわめ、本と子どもとの距離を埋める努力を重ねていくことではないでしょうか。」
『読む力は生きる力』脇明子／著　岩波書店　2005

学校図書館と著作権

第4章
学校図書館と著作権

（1）著作物の利用と著作権

　現在、探究学習、教科横断学習等の教科の枠を超えた学習が盛んに行われるようになり、教科書に掲載される著作物や担任の用意する資料以外にも人が創作した著作物の利用も多くなってきた。これまでは、学習活動の場は、ほとんどが校内、教室内であり、利用する資料の大部分は紙媒体であった。授業の過程における著作物の複製等は、著作権法（以下「法」という。）第35条により許諾を得ないでも利用できるために著作権についてあまり考慮されなかった。

　しかし、1人1台端末時代になり、児童生徒各人が端末を持ち、気軽に利用するようになると、これまで以上に著作権について配慮することが求められる。法第35条では、授業の過程では、複製・翻訳、編曲、変形、翻案は許諾を得ずにできたが、公衆送信は該当していなかった。しかし、GIGAスクール構想により児童生徒が端末を持ち、授業に活用することが

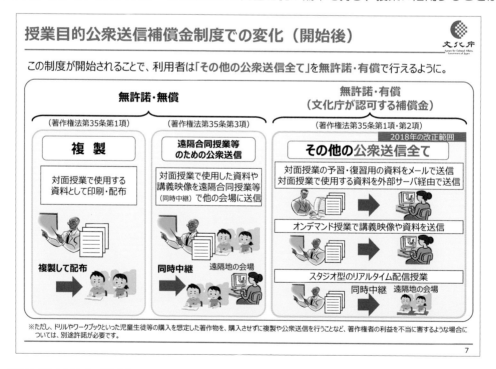

教育のDXを加速する著作権制度〜授業目的公衆送信補償金制度について〜　2023年4月（文化庁著作権課）より

実現した。数年前までは、学習に利用する情報は、圧倒的にアナログ（紙）の世界であったが、ここ数年で端末を利用することが常体化した。

　児童生徒が授業において端末から他の端末に送信したり、ホームページにアップしたりすることは、著作物を公衆送信することになる。これまでは人の著作物を送信するには、いちいち許諾を得る必要があった。そこで、公衆送信も許諾を得ずに利用できるように法改正が行われ、後述のように公衆送信が容易に行えるようになった。

（2）学校図書館と著作権

　学校図書館は、図書、雑誌、新聞、視聴覚資料、デジタル資料等（以下「資料」という。）を児童生徒の学習活動や読書活動に利用できるように組織化して提供する。学校図書館の資料を利用する学習では、学習の目的、方法に応じて資料をコピーしたり（複製）、物語を絵本にしたり（翻案）するが、これらの資料の大部分は人が創作した著作物である。そのためにそれらを複製等するには、原則としては著作者の許諾が必要であるが、法第35条により授業の過程での利用は、許諾を得ないでの利用が可能である。

　学校図書館は、公共図書館とは目的や機能が異なり、学校教育の目的を達成するための機能をもつ学校内の組織の一つであるために、授業での利用に関しては法第35条に依拠するものである。そのために図書をコピーする際には、児童生徒が許諾を得ずに必要に応じて自らコピーができる。コピーできる範囲は、著作権者の利益を害さない程度であれば半分以上も可能である。また、コピーする図書は、学校図書館の所蔵に限らない。さらに、授業の予習や復習のために複製をすることも可能となった。

　一方、学校図書館の資料は、授業以外にも児童生徒の興味関心に基づいて閲覧室で読んだり、自宅で読むために借りたりして利用するが、本をコピーすることは、授業ではないので許諾が必要となる。図書等の貸出は、著作権法では「貸与」に該当し、法第38条第4項により無料貸与は許諾は不要である。

4.2.公衆送信とは

　著作権には、人格的利益を守る著作者人格権と財産的利益を守る著作（財産）権があり、それぞれに支分権がある。本稿では、支分権の一つである「公衆送信」について記述する。

　法では「公衆送信」は、「公衆によって直接受信されることを目的として無線通信又は有線電気通信の送信（中略）を行うこと」と定義している（法第2条第1項第7の2号）。この「公衆」とは、「特定かつ多数の者」も含まれている。具体的には、テレビ・ラジオ放送、有線放送、ホームページ、SNS等である。また、この公衆送信の中には、公衆からの求めに応じ自動的に行うもの（放送又は有線放送に該当するものを除く。）を「自動公衆送信」という。

そして、この公衆送信を行える権利が「公衆送信権」である。この公衆送信には、求めに応じて自動的に送信できる「送信可能化」も含む。この公衆送信ができるのは、その著作物を作成した著作者又はその著作権を持っている者である。

　ただし、この公衆送信は、送信、受信を「同一構内」や同一敷地内で行う場合には、公衆送信に該当しない。例えば、校内放送として音楽を学校の放送室から各教室に流す場合には、放送室と各教室が「同一構内」又は同一の敷地内であるのであれば公衆送信に該当しない。また、この放送がサーバーを経由する場合には、サーバーが「同一構内」や同一の敷地にあるのであれば公衆送信に該当しない。従って、校内放送の場合は「上演」に該当し、無料で行うので音楽の著作権の許諾は不要である（法第38条）。

　児童生徒が人の著作物を端末で送ることは、ほとんどの場合は、校舎や敷地の外に設置しているサーバーを経由しているので公衆送信に該当し、著作者の許諾を得ることが必要である。例えば、人の著作物を端末等で撮影し、それを他に送信することは、その人の許諾が必要である。

　しかし、これでは端末を利用する学習が事実上不可能になるために法が改正され、送信と受信が「同時」※1 に行うのであれば許諾も補償金も不要で利用できることになった。さらに法が改正され、授業目的公衆送信補償金制度が発足した。これにより、著作権者に補償金を支払

著作権法第35条に関するガイドラインについて

著作権法第35条運用指針の主な内容

● 授業を目的とする著作物利用についての著作権法の解釈に関するガイドラインを下記のような例示を含めて「著作物の教育利用に関する関係者フォーラム」が策定し、公表。

用語	対象の例	対象外の例
公衆送信	学外に設置されているサーバーに保存された著作物の送信 多数の履修者等への著作物のメール送信	学校の同一の敷地内に設置されているサーバーを用いて行われる校内での送信 （公衆送信に該当せず、無許諾・無償。）
学校その他の教育機関	幼稚園、保育所、こども園、小学校、中学校、高等学校、大学、公民館、博物館、美術館、図書館　等	営利目的の会社や個人経営の教育施設 企業等の研修施設
授業	講義、実習、演習、ゼミ、部活動、課外活動、学校が主催する公開講座	教職員会議、保護者会
教育を担任する者	教諭、教授、講師、教員等 教諭等の指示を受けて公衆送信を行う補助者	（教育委員会）
授業を受ける者	児童、生徒、学生、科目履修生、受講者等 履修者等の求めに応じ公衆送信を行う補助者	
必要と認められる限度	クラス単位や授業単位までの数の複製・送信	（ウェブサイト等での一般公開）
著作権者の利益を不当に害する場合	（不当に害する可能性が低い例） ● 採択された検定教科書の当該教科書履修期間における複製・公衆送信 ● 短歌や写真等の1著作物の全部の複製・公衆送信	（不当に害する可能性が高い例） ● 学習用の市販のソフトウェアを1ライセンスのみ購入し、児童・生徒に公衆送信 ● ドリルや問題集を購入の代替となるような態様で複製・配信

初等中等教育における特別活動に関する追補版

● 初等中等教育における運動会、文化祭等の特別活動（学校行事等）においてオンラインを活用したいとの問い合わせが、教育機関設置者や学校から多く寄せられたことに対応するため策定。運用指針の基本的な考え方を整理しつつ、特別活動で行われる保護者等へのインターネット配信の考え方の視点を加え説明。

14

教育のDXを加速する著作権制度～授業目的公衆送信補償金制度について～　2023年4月（文化庁著作権課）より

うことで送受信が同時ではない「異時」※2でも可能となった。

　この制度では、補償金は学校の設置者（公立学校であれば教育委員会等）がまとめて支払うので個々の学校が負担するのではない。また、補償金の収受の事務は、「授業目的公衆送信補償金等管理協会」※3が代行することになった。この制度により各学校は、人の著作物も公衆送信の許諾を得ることもなく、経費支払いの煩雑な事務もなく、公衆送信が容易になった。

　ただし、これはあくまでも「授業」での利用であるので、ボランティアが朝の始業前や昼休みの時間に公衆送信をする際には、許諾を得る必要があることに留意したい。

　※1　同時とは、送信側が送信した著作物を受信する側が同時に受信すること。受信側が録画等をして保存し、後に視聴等をすることはできない。

　※2　異時とは、送信側が送信した著作物を受信側が録画等をしておいて、後で視聴すること。

　※3　授業目的公衆送信補償金等管理協会（SARTRAS　サートラス）は、2019年に授業目的公衆送信補償金制度による著作権者の権利管理団体として設立され、同年に文化庁の指定を受けた。利用者からの補償金を受け取り、権利者に分配することにより教育分野の著作物等の利用の円滑化を図ることを目的とする。詳しくは、https://sartras.or.jp/

4.3.著作権教育

（1）目　的

　著作権に関心が高まり、学校教育における「著作権教育」が注目され、各学校でも実施されるようになってきた。著作権教育とは、著作者の権利及び著作物の尊重、著作権に関する基礎的な知識・態度を習得し、社会の一員として生活する力を身につけるための教育活動である。著作権教育の目的は、著作権法を憶えさせることではなく、著作物を創作する著作者に敬意を払い、著作物を尊重する態度を育成し、想像力と創造力を育成し、先人の文化を継承しさらに発展させることである。特に、ここ数年で急激に発展したAIにより、だれでも容易に作成できる物が人の創作した物を凌駕するのではないかと危惧する声が大きくなってきた今日、この「想像力と創造力」の育成が学校教育の重要な課題となっている。

　著作権教育は、学校全体で取り組むことが必要である。そのために特定の時間に著作権だけを取り上げて指導するのではなく、教科指導の中で行うとよい。特に探究学習等の学校図書館を活用する学習の中で具体的な事例に基づいた指導が効果的である。そのためには、年間学校図書館活用計画に著作権に関する項目を盛り込むことで、学年や学級で漏れなく指導することができる。この計画も各校種が個々に作成するのではなく、校種を超えて作成するとよい。

（2）指導内容

　指導内容は、活用計画に基づき、校種及び学校の現状に応じて段階的に行う。

①著作者に対する敬意

　著作者は、物の創作に自分の思いを込め、時間・手間・費用をかけて創る。その著作者の思い、熱意をくみ取り、それに対して敬意を払うことは、今後の AI が普及する時代では大事にしたいことである。

②著作物の尊重

　著作者にとって著作物は、芸術作品ではなくても自分の思いが込められたものであり、単に物理的に存在する物ではない。その著作物を尊重することは著作者に対する敬意の発露でもあり、文化の尊重にもつながるものである。AI により簡単に著作物が作られる時代では、特に重視したいことである。

③文化の継承・発展

　文化は、ひとりの活動でできたものではなく、先人が創った著作物の積み重ねで生まれたものである。その文化を大事にして後世に継承し、さらに発展させることが今いる人の役割である。

④著作権の仕組み

　人の著作権を互いに守ることによって新しい文化が生まれ、さらに発展し、継承されていく。それを担保しているのが著作権法である。その目的・機能・仕組みを理解することは、今後は特に重要になる。

⑤著作物の利用

　人の創作した著作物を利用することは、新しい文化の発展には欠かすことのできないことであり、その利用のしかたは、単に法上の手続きだけではない。著作者に対する敬意、依頼する時のマナーも必要である。

4.4.ICTの活用と著作権

　GIGA スクール構想により、1人1台端末を持って学習に利用することがほぼ実現し、これを利用する学習が広く実践されるようになっている。この端末を使っての学習では、人の著作物をコピーすることも容易にできるようになり、さらに他に送信する機会も増加してきた。この端末による送信が容易にできることにより他の著作物を送信する際にはあまり著作権についての意識がないままに行われやすい。しかも、瞬時のうちに広がることで、著作者に多大な迷惑や金銭的な損害を与えてしまうこともあることが、実感として理解しにくい面がある。他

に送信する際にはその著作物を創作した著作者の「公衆送信権」を侵さないようにしなければならない。

　現在では、授業目的公衆送信補償金制度により補償金を支払う自治体が多くなり、「授業の過程」であれば許諾を得るなどの手続き等はしないで利用できるようになった。そのためにますます著作権についてあまり意識しなくても利用が可能になっている。しかし、この制度により補償金を支払っていても、許諾が必要なこともあることに留意したい。

　「必要と認められる限度」を超えて利用する場合には、許諾を得る必要がある。例えば、利用する文章で必要な一部だけを端末に送信するだけでよいにもかかわらず全文を送信することは、必要なページ数の限度を超えていることになる。

　「著作権者の利益を不当に害すること」は、利用する著作物の種類・用途・数量・態様によって、著作権者が本来得られるはずの利益が得られないおそれがある場合には、許諾を得る必要がある。例えば、市販のアプリケーションソフトを学校で一つだけ購入し、それを児童生徒の端末に送信して利用させることは、児童生徒が購入することを前提に販売しているソフトが販売できないために利益を得られないことになる。これによる可否については、利用者が判断すべきことであり、合理的な判断が求められる。

　なお、著作権に関して判断が難しい場合には、「著作物の教育利用に関する関係者フォーラム」が公表し、サートラスのホームページに掲載されている「改正著作権法第35条運用指針（2021年度版）」が参考になる。

森田盛行（全国学校図書館協議会顧問）

おわりに：ICT 活用をつばさに　想像力を根っこに

　子供時代の読書は「根っこ」と「つばさ」を与えてくれた（『橋をかける：定本：子供時代の読書の思い出』美智子/著　すえもりブックス　1998　p.17）と、美智子皇后（当時）は 1998 年の国際児童図書評議会世界大会（インド）のビデオによる基調講演で述べられた。

　現在では、ICT 活用もまた、「つばさ」となっているのではないだろうか。デジタル化、ネットワーク化、モバイル化等の機能により、児童生徒の学びがどこでも展開でき、学びにおける活動が効率化され、協働化され、個別最適化されてきた。特に障害等のために抑制されていた動きが、ICT 活用によって「できる動き」となった児童生徒も多いことと思う。

　では「根っこ」となっているものは何だろうか。

　『学習指導要領解説　総合的な学習（探究）の時間編』（文部科学省）の小学校・中学校・高等学校のどの解説書にも、「考えるための技法の例」が 10 項目示されている。この中のひとつに「分類する」があるが、この意味について坂本賢三は興味深い説明をしている。彼は、物事を分類する、すなわち分けて、分けて、もう分けられないところまでいった状態が「分かった」であり、これがつまり、わかった、理解した、ということであるという。（『「分ける」こと「わかる」こと』坂本賢三／著　講談社　1982　p.50）

　この坂本賢三は、わかり方には 2 種類あると述べている。「前提となる既知の（自明の）原理に還元できるとき」と「既知でなくても、これ以上分けられないものに到達して、そこから説明できるとき」（p.51）の 2 つである。この後者について、彼は次のように説明している。

　　　しかし、正体はわからなくても、これ以上分けられないものまで還元すれば、それはもう「わかる」ということを超えているのだから、つまり分けられないし、ときほぐすこともできないのだから、それでわかったということになる。そのような不可分のものは「要素」と呼ばれ、わかるための前提なのであって、いろいろなものがそこへ還元されていけば、正体はわからなくても、いろんなものの関係はわかることになる。（p.50）

　話は飛ぶが、物質を分解して分解して、もう分解できないところまでいくと原子にたどりつく。その原子の中心には、陽子と中性子から構成されている原子核があるが、プラスの電気をもつ陽子と電気をもたない中性子がなぜ結びついていられるのかは謎であった。これについて、湯川秀樹は、陽子と中性子が結びついていられるためには、「中間子という新しい素粒子を仮定して、その中間子を陽子や中性子がキャッチボールのようにやりとりすることによって力が働く」（『湯川秀樹が考えたこと』佐藤文隆/著　岩波書店　1985　p.6-7）という理論を1934 年に発表した。これは理論的に導き出した考えであって、中間子の存在が実際に発見

されたのは1937年であった。湯川秀樹は実在が証明される前の「見えないもの」を見ていたということができる。見えないものを見る力、これは「想像力」である。想像力には飛躍する力があると思う。想像力は論理的につながった思考の延長線上にばかり出てくるものではないのではないだろうか。湯川秀樹自身、「私の頭にひらめいた着想が、物理学の進路をいくらかでも開いたとすれば、」と『旅人：ある物理学者の回想』（湯川秀樹／著　角川書店　1960　p.13　角川文庫）の中で述べているが、この理論は「ひらめいた着想」なのであった。

　また、湯川は、地質学者であった父親について、「父は生まれつき、自然物や自然現象に対する観察力や記憶力がすぐれていたようである。この観察力を足場として、想像力を思いきり活躍させた。」と述べ、それに対して「私は観察力や記憶力が、それほどすぐれてもいないことを自分でよく知っていた。その代り、論理的思考力の方により大きな自信があった。それを手がかりにして、想像力を飛躍させ得るような学問に進む」（p.148）と述べている。

　このように、人間のもてる考える力を飛躍させ得るのは想像力ではないだろうか。この想像力が根っことしてあってこそ、思考は飛躍できるのではないだろうか。さまざまな知識の蓄積の上に、想像力によって思考が飛躍した結果、無意識に脈絡なく現れ出でるものがひらめきなのではないだろうか。

　そうした想像力は特に読書によって培うことができる。

　第3章「生きる力を育む学校図書館を」で述べたように、読書は「読む力」と「人間性」を育む。特に物語体験は、「生きる力」を育む。登場人物とともに、登場人物の気持ちになぞらえて物語の中で生きる体験は、読者の人間としての体験を深めてくれる。上橋菜穂子は「その物語を生き抜いてみると」（『天と地の守り人　第三部　新ヨゴ皇国編』上橋菜穂子／著　新潮社　2011　p.392　新潮文庫）と、「生き抜く」という表現をしているが、この生きる力もまた、想像力が根っこにあってこそ育まれるものであろう。

　私たちは、児童生徒がICT活用能力等を駆使してデジタル時代を主体的・創造的に生きられるような「つばさ」を身につけ、さらに想像力を働かせて自分で思考できる力を、柔軟な思考力を、そして飛躍できる思考力を発揮できるような「根っこ」を育んでいきたいと願っている。

2023年7月25日
『確かめながら　学校図書館と1人1台端末　ひろがる！つながる！学校図書館』
編集委員一同

おわりに…ICT活用をつばさに　想像力を根っこに

**『確かめながら　学校図書館と1人1台端末　ひろがる！つながる！学校図書館』
編集委員会**

委員長　堀川照代（全国学校図書館協議会理事、放送大学客員教授）

　　　　神澤登美子（全国学校図書館協議会学校図書館スーパーバイザー）

　　　　竹村和子（全国学校図書館協議会事務局長・編集部長）

　　　　福田孝子（全国学校図書館協議会学校図書館スーパーバイザー）

　　　　村山正子（全国学校図書館協議会学校図書館スーパーバイザー）

事務局　井藤由喜（全国学校図書館協議会研究調査部課長）

　　　　米谷まどか（全国学校図書館協議会研究調査部主任）

執筆協力

　　　　森田盛行（全国学校図書館協議会顧問）

確かめながら
学校図書館と１人１台端末　ひろがる！つながる！学校図書館

2023 年 7 月 25 日　初版発行	編　著　者	全国学校図書館協議会『確かめながら　学校図書館と1人1台端末　ひろがる！つながる！学校図書館』編集委員会
	組　版　所	株式会社アジュール
	印刷・製本所	瞬報社写真印刷株式会社
	発　行　者	設楽敬一

発行所　公益社団法人全国学校図書館協議会
〒112-0003　東京都文京区春日2-2-7
TEL.03-3814-4317(代)　FAX.03-3814-1790